なんで
中学生のときに
ちゃんと
学ばなかったん
だろう…

現代用語の基礎知識・編

おとなの楽習

9

国語のおさらい

自由国民社

装画・ささめやゆき

もくじ

3章　漢字

4章　熟語

5章　語句

6章　文語文法

はじめに

いきなりですが、学生時代に心をもどしてください。突然、「三日後に、全教科の試験を行います！」と先生に宣言されてしまったら、あなたはまず何から勉強しますか？

英単語を少しでも多く覚えなきゃ！　二次方程式を解けるようにしなきゃ！　応仁の乱で勝ったのはどっちだっけ？……と、あれこれ復習を始めることでしょう。そして、試験が翌日に迫ったころ、国語は……、「まあ、いっかぁー」となりませんか？

なぜなら、国語は「それなりにわかる」からですよね。「わざわざ勉強するほどでもないし、なんてったって日本語だから何とかなるでしょう」と。でも、いざ試験を受けてみたら、「あれ？　なんか違う」といった感じになってしまうわけです。

それからしばらく経って、また試験が行われるときも、「まあ、国語は大丈夫でしょう」という思いから「あれ？　あれ？」に変わることを幾度となく繰り返しているうちに、「なんか国語って、イヤだー」といった苦手意識が生まれてしまったのではないでしょうか。可愛さ余って憎さ百倍、理解できていたはずのものが苦手な存在になってしまうなんて、まるで飼い犬に手を噛《か》まれたかのような気分ですよね。そうやっていくうちに、国語との間に、小さな溝ができてしまったのかもしれません。

　でも、でも、もっと昔にさかのぼって思い出してみてください。小学校の一年生のとき、国語の時間って嫌いでしたか？　新しい漢字を覚えるたび、教材の物語を読むたび、心にひびく詩に出合うたび、ちょっとワクワクしましたよね。一度は遠くに感じてしまった国語と、また仲良くなってみませんか？　それを邪魔していた、数学の公式も英単語も、もう必死で覚えなくていい今だからこそ、どっぷりと国語に浸《つ》かってほしいのです。

「国語なんて今さら仲良くならなくてもいいよ。今のままで十分！　生活に困ることは何もない！」

　そう思われている方もたくさんいらっしゃることでしょう。確かに、そのとおりです。ある程度の文章力、表現力が備わっていれば、日常生活で困ることはありません。読めない漢字にも、ふりがなが振ってあることが多いし、わからないことばがあればだれかに聞けばいいし……。そう、それ！　です。わからないことばを知りたい、と思ったことが、国語を「楽習《がくしゅう》」する第一歩なのです。ご大層な身構えは何一ついりません。

例えば、ピーマンが大嫌いだったとします。でも、ピーマンが食べられなくても、その栄養はほかで摂《と》れます。カロテンやビタミンCは、ニンジン、レモン、カボチャからでも。ピーマンを食べなくても、困ることは何もありません。

でも、確かに困らないけれど、ピーマンが食べられれば、それだけ食事の幅が広がります。青椒肉絲《チンジャオロースー》、肉詰め、マリネ……などなど、ピーマンを食べられることによって、さまざまな味に出合えるのです。

国語も同じです。品詞のはたらきや漢字の成り立ちを知らなくても、もちろん困りませんが、それを知っていることによって、新たに広がる世界も出てきます。「あの熟語、どういう意味だったかなぁ」「年上の人と話すとき、失礼がないことば遣いはどういうのだったっけ」、そういう気持ちが生まれたとき、“国語”はあなたのすぐそばまで来ています。あとは、こちらから進んでいくだけです。

「国語のおさらい」は、何も難しいことはありません。人は右側を歩く、車は左側を通る。そういう簡単な交通ルールと同じぐらい身近なものなのです。車を運転される方はおわかりだと思いますが、“初めて通る道”というものには不安がつき物ですよね。でも、その道の特徴や基本的な交通ルールさえしっかりと身につけていれば、そこがどんなに複雑な道であっても、安心して運転することができるのです。もう一度、国語の基礎を確認して、快適なドライブを楽しみましょう！

この本を読むにあたって必要なものは、「国語を知ってみたい」「国語と仲良くなりたい」という前向きな気持ちです。それさえあれば、あとは何も……。ああ、もう一つ必要なものがありました。それは、「想像力」です。お気づきのように、「はじめに」の部分だけでも、「学生時代に心をもどせ」とか「昔にさかのぼれ」とか「ピーマンが嫌いなら」とか、たくさん想像しましたよね。あなたのその想像力が、国語の「楽習」を助け、知識となっていく手助けをします。想像力によってあなたは、たとえ自宅のリビングにいたとしても、遥か宇宙から、太古の昔まで、いろいろな所へ移動させられます。このように、想像力をはたらかせて心を羽ばたかせることも、国語に必要なものの一つです。想像力は、小説の主人公の感情を読み取る力や、自分の将来設計を考える力にもつながります。想像力を駆使して、国語ドライブを進めてください。想像力に自信がない人も、徐々にコツがわかってきますから安心してスタートしてください。

さあ、国語の旅を始めましょう！

序章

君の名は……

心の準備ができたところで出発することにしましょうか。スタート地点はもう少し先に行ったところにあります。そこまでの案内役を用意しておきました。そこに眠っている犬を起こして、うしろをついて行ってください。名前を呼ぶと、すぐに目覚めると思いますよ。大きな声でどうぞ。

えっ、起きませんか？　すぐに目覚めるはずなのですが……。もしかして、「キミちゃん」と呼んでしまいましたか？

この犬の名前は、そうじゃないんですよ。

私たちが日常用いる漢字が、中国から輸入したものであることは有名です。その漢字には、「**音読み**」と「**訓読み**」という二通りの読み方があります。音読みは、中国での発音をもとにして、日本風の発音にした読み方。一方、訓読みは、漢字がもっている意味を日本語にあてはめて、そのまま、読みにしたものです。

海 音 カイ 訓 うみ　山 音 サン 訓 やま　空 音 クウ 訓 そら・から・あ―く・あ―ける

※通常、音読みはカタカナで表記されます。

すべての漢字に音読みと訓読みの二通りがあるわけではありません。漢字には、その漢字が幾度か輸入された結果、複数の音読みをもつようになったものもあります（P97〜98参照）。また、音読みしかない漢字、訓読みしかない漢字もあります。

では改めて、大きな声で名前を呼んであげてください。そして、立ち上がったクンちゃんのあとについて、スタート地点へと進んでいきましょう。

ちなみに、犬の名前の由来は「君子《くんし》危うきに近寄らず」（賢い人は初めから危ないことは避ける）からきています。「賢い犬になってほしい」という飼い主の願いが「クン」という名前に込められています。

クンちゃんの足が止まりました。

ふと見上げると、目の前に大きなアーチがかかっていました。そこには「文法ストリート」という文字が刻まれています。

さあ、まずは、快適なドライブをするために欠かすことのできない、**文法に関するルール**からおさえていきましょう。

コラム

★「ケイヨウドーシ、ッテ、ナンデスカ？」

最近では、多くの外国人も日本語を学習しています。「ニホンゴ、ムズカシイ！」と外国人にとっても日本語学習はなかなか手ごわいもののようです。

なかでも、彼らを苦しめているのが文法。日本人にはニュアンスでわかることも、外国人学習者には通じません。そこで、外国人の日本語学習では、理解しやすいように文法が工夫されています。

つまり、みなさんが学校で習い、この本で学んでいる文法と外国人の日本語学習の文法は別物なのです。

最も大きな違いは「形容動詞」。形容動詞の存在自体がなく、これを「ナ形容詞」とよんでいます。これに対して、普通の形容詞は「イ形容詞」。連体形の語尾で区別しているのですね。

このほうがわかりやすい？　グローバル化にともなって将来は、こちらの文法に変わるかも？

1章

口語文法

1 文《ぶん》 ～重要文化財じゃない方の「重文」

アーチをくぐり抜けると、すぐそばに一人の少年が立っていました。看板職人でしょうか。彼は、白いパネルの前に立ち、困った顔でこう言いました。

「親方に看板を書くよう命じられたのにできないのです。」

彼が手に持っていた、親方のメモを見せてもらいました。

> 次の内容を看板に書いて、アーチ横に立てておけ。
>
> 車は左側を走りましょう。人は右側を歩きましょう。
>
> （看板の文字数は20文字までにすること）

「20文字までしか書けないのに、全部で24文字もあります。このままだと最後の４文字が……。」と悩んでいます。

さて、彼はどのように看板を書けばいいのでしょうか。

手紙や新聞のように、まとまりのある内容を表すものを**文章**といいます。文章は、「。」（句点）によってさらにいくつかのまとまりに区切ることができます。この区切られたまとまりを、**文**といいます。

親方に渡されたメモの囲みの部分は、二つの文からなる文章です。それぞれの文に、**主語**と**述語**（P23参照）が一つずつ入っています。

車は 左側を 走りましょう。　人は 右側を 歩きましょう。
主語――述語　主語――述語

上のそれぞれの文のように、一つの文の中に主語と述語が一つずつある文を**単文**といいます。

また、文には、

ぼくは ピアノを 弾き、彼女は 歌を 歌った。
主語――述語 主語――述語

といったように、主語と述語の組み合わせを二つもつものがあります。独立している二つの文からできた一文というわけです。このように、対等な関係（入れ替えても意味が変わらない）の文が二つ以上組み合わさってできている文を**重文**といいます。

また、

少年は、親方が 命令した とおりに 看板を 書いた。
主語　主語――述語　述語

のように、主語・述語の組み合わせが二つ含まれているものの、それらが対等な関係ではないものは、**複文**といいます。

しばらくすると少年は、はっとひらめいた様子でこちらを見て、にこっと笑い、看板に次のように書きました。

車は左側を走り、人は右側を歩きましょう。

2 文節《ぶんせつ》 ～優しくなれるかが成功の分かれ目

少年と別れてからしばらく歩いた先に、車の展示場が見えてきました。ここで、パートナーとなる愛車を選びます。はやる気持ちを抑えきれずに展示場に入ろうとしましたが、入り口のバーが下りているため、中へと進めません。
バーが設置されている機械に、次のような文字が表示されていることに気づきました。

優しい口調でお願いしてネ。

素直に、優しい口調で「入り口のバーを上げてくれませんか。」と言ったもののバーは上がらず、

「ネ」ということばを入れて話すと、優しくなるよ。

と、文字が表示されました。

文を区切ったとき、意味が通る範囲で最も細かく区切ったまとまりを**文節**といいます。文節は、主語・述語などの**文の成分**を見極める際の単位としてとらえられています。文節に区切るには「**ネ**」を入れてみると、わかりやすいです。

文の成分には、主に次のようなものがあります。どれも文の中で重要な役割をしますので、覚えておくといいですよ。

【主語】「○○は・○○が」にあたる文節

私は（ネ）急いで（ネ）展示場へ（ネ）行った。

【述語】「××だ・どうする・どんなだ」にあたる文節

私は（ネ）急いで（ネ）展示場へ（ネ）行った。

【修飾語】「どのように」などくわしく説明している文節

私は（ネ）急いで（ネ）展示場へ（ネ）行った。

【接続語】前後の文・文節などをつないでいる文節

走った。でも（ネ）、待ち合わせ時間に（ネ）遅れた。

【独立語】ほかの文節と関係がなく、独立している文節

そう（ネ）、速く（ネ）走れば（ネ）よかった。

これらの文節には次のような関係性があります。

●主語・述語の関係　→「○○が××だ」などの関係。

例　車が　走る。
主語　述語

●修飾・被修飾の関係　→ほかの文節をくわしく説明する。

例　白い　車だ。
修飾語　被修飾語

●接続の関係　→前後の文をつなぐ。

例　車の運転は久しぶりだ。だから、緊張する。
接続語

●並立の関係　→対等の関係で並んでいる。

例　白くて　速い　車だ。
並立語　並立語

●補助の関係　→補助的な意味でくっついている。

例　車に　乗って　いる。
被補助語　補助語

●独立の関係　→ほかの文節と関係なく、独立している。

例　はい、田中です。
独立語

また、隣り合っている二つ以上の文節が、文全体において「一つの文節」のようなはたらきをするものは連文節と表現します。そのときに主語の役割をするものを主部、述語の役割をするものを述部などといいます。

車と　自転車が　走る。　／　もっと　大きい　声
主部（主語の役割）　修飾部（修飾語の役割）

「入り口のネ　バーをネ　上げてネ　くれませんか。」ピンポン！　という軽快な音とともに、バーが上がりました。やっと、展示場に入ることができそうです。

「入り口のバーを上げてくれませんか。」という文は、（ネ）で四つの文節に区切ることができました。つまり、４文節の文だった、ということですね。

3 品詞《ひんし》 ～ことばをカテゴライズしてみよう

展示場で車を手にいれ、いよいよ出発進行!! ……と、期待をさせてごめんなさい。実はまだ、出発することはできません……。なぜなら、ほら、真新しい車を用意したものだから、燃料タンクがカラッポなのです。

ガソリンスタンドを探してみますか？　いやいや、なんとこの車の燃料は、ガソリンではありません。国語に関する情報を蓄えることで、動く仕組みになっているのです。

トランクを開けて、取り外し可能のタンクを手にしたら、展示場の横のアパートへ入ってください。この４階建てのアパートが、「品詞ビル」と呼ばれるものです。これからすべての部屋を訪れて、燃料タンクを満タンにしていきます。

アパートの住人をざっと紹介しておきますね。

1階には、**動詞**・**形容詞**・**形容動詞**の3種が住んでいます。変幻自在に姿を変える品詞である彼らは、チーム「**用言**」というグループを作っています。

2階に住んでいるのは、**名詞**・**副詞**・**連体詞**・**接続詞**・**感動詞**の5種。このグループは、いつでも同じ姿をしています。名詞は、「**体言**」としてソロ活動もしています。

そうそう、1階と2階に住んでいる品詞は、自分たちだけの力で生活することができるので「**自立語**」と呼ばれています。

3階には、**助詞**が住んでいます。助詞はいつもだれかについて行動します。いつでも同じ姿をしている助詞は、甘えん坊のようなものですね。

4階に住んでいるのも、**助動詞**の1種だけです。助動詞も甘えん坊ですが、姿を変化させてみんなを驚かせます。

甘えん坊な助詞と助動詞のニックネームは「**付属語**」です。

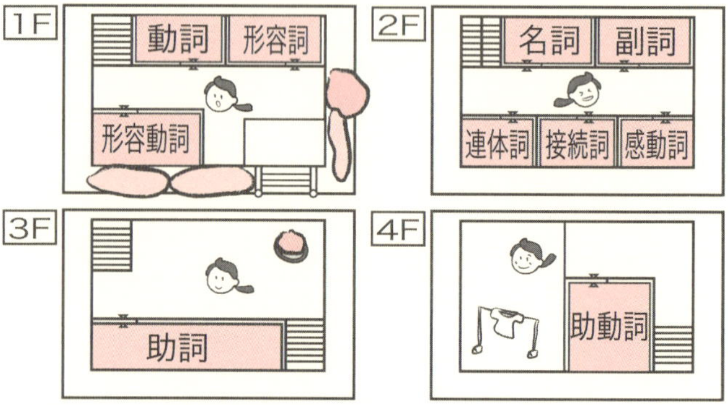

4 101号室　動詞《どうし》
～おしりをのばせば「う」がつくことば

動詞とは、「笑う」「浮く」「足す」「いる」など**動作や状態、存在などを表す品詞**のことをいいます。言い切りの形でのばして発音したときに、**口が「う」の形になる**特徴があります。

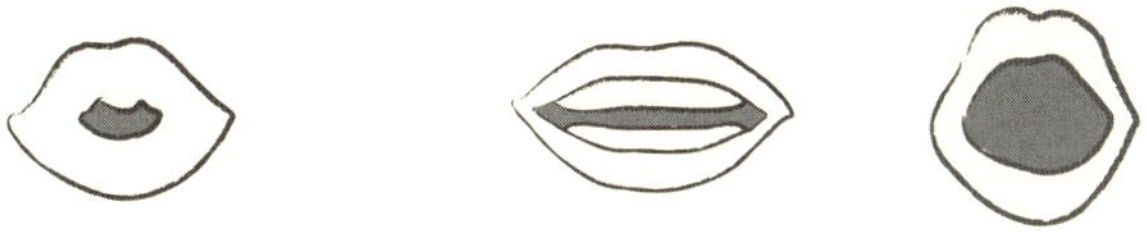

笑うー　　浮くー

「う」の形になる。
↓
動詞

うれしいー　　でもー

「う」の形にならない。
↓
動詞ではない

ローマ字表記をした場合は、必ず最後が「u」で終わります。

○笑う→ waraū　○浮く→ uku　×うれしい→ ureshii　×でも→ demo

▼動詞は自立語《じりつご》？　付属語《ふぞくご》？

動詞を含め、すべての品詞は「自立語」と「付属語」の２種類に分けることができます。それぞれの特徴は、次の通りです。

自立語
- 単独で文節を作ることができる。
- 必ず文節の最初にくる。
- １文節の中に、一つしか存在しない。

付属語
- 単独で文節を作ることができない。
- 自立語のあとについて、文節の一部となる。

では、動詞は自立語と付属語のどちらにあてはまるのでしょうか。次の例文をもとにして考えてみることにします。

庭の花壇に赤と黄色の花が咲く。
　これを文節で区切ります。（「**ネ**」を入れて考えましょう。）
　→庭の／花壇に／赤と／黄色の／花が／咲く。

六つの文節に分けることができました。この文の中で使われている動詞はわかりますか。動作や状態などを表すことばで、ローマ字表記したときに「u」が最後にくるものですから、「咲く（saku）」ですね。このことばだけで文節を作ることができています。これは自立語の特徴と一致しています。つまり、動詞は**自立語の品詞**というわけです。

▼変幻自在な動詞

動詞は「眠ら（ない）」「眠る（とき）」「眠れ（ば）」「眠ろ（う）」など、文の中で語形を変化させて使います。このように、あとに続くことばによって語形を変化させることを、文法では「**活用する（活用がある）**」と表現します。
活用するときの形には、次の６種類のものがあります。
未然形《みぜん》・**連用形**《れんよう》・**終止形**《しゅうし》・**連体形**《れんたい》・**仮定形**《かてい》・**命令形**《めいれい》
それぞれ、のちほどくわしく確かめていきましょう。

▼文の中での役割は？

動詞は文の中で、述語の役割をすることができる品詞です。次の例文を見てください。

水面に 落ち葉が 浮く。
主語 述語

庭の 花壇に 赤と 黄色の 花が 咲く。
主部 述語

このように、自立語のうち、活用があって単独で述語となることができる品詞のことを「**用言**《ようげん》」と呼んでいます。用言と呼べるものは、動詞のほかに、あとから二つ出てきますよ。

▼六つの活用形

では、活用するときの形を確認しましょう。動詞のあとに続くことばを基準にして考えると、文中の動詞が何形なのかが、すぐに判断できるようになります。

①未然形

まだ、その事態が起きていない、ということを示した形。「ない」「う」「よう」などのことばが、あとに続きます。

・今日は、この本を買わない。
・弟は、野菜をあまり食べない。
・目的地まで一緒に歩こう。
・旅行の写真を見よう。

②連用形

あとに続くことばが、おもに用言や助動詞（P58～62参照）などのときに使われる形。

・欲しかったＣＤを買います。
・子どもが、アイスをおいしそうに食べている。
・ゴールまで、歩いたり走ったりする。

③終止形

言い切りのときの形、文を終える場合の形。

・人形を作るために材料を買う。
・レストランでコース料理を食べる。

④連体形

あとに続くことばが体言《たいげん》（P41参照）の場合の形。

・買う品物をメモに書いて出かける。
・お弁当を食べる場所はどこにしますか。

⑤仮定形

仮定条件を表すときに使われる形。あとに「ば」が続きます。

・さっきの店で、傘を買えばよかった。
・これ以上食べれば、お腹が苦しくなってしまう。

⑥命令形

命令して言い切った形。

・欲しいものは、自分のお小遣いで買え。
・好き嫌いをせずに、何でもバランスよく食べろ。

▼か・か・か・か・か・か

「買う」という動詞は、用途に応じて「買わ（ない）・買い（ます）・買う・買う（品物）・買え（ば）・買え」と形を変えましたが、どの活用形になっても「買《か》」という部分は変わりませんでしたね。このように、活用形に関わらず、絶対に変化しない部分を**語幹《ごかん》**といいます。語幹に続く「わ・い・う・う・え・え」の部分は、**活用語尾《かつようごび》**といいます。

▼活用の種類

動詞によって、活用の仕方も変わってきます。活用の種類は全部で五つあるのですが、動詞に「ない」ということばをつけて未然形にして判断すると、区別をつけやすいですよ。

①**五段活用《ごだん》**…「ない」をつけた場合の活用語尾が**ア段**の発音。

・雨が降らない。　・危険な場所で遊ばない。

例	語幹	未然	連用	終止	連体	仮定	命令
歌う	歌	—わ —お	—い	—う	—う	—え	—え

②**上一段活用《かみいちだん》**…「ない」をつけた場合の活用語尾が**イ段**の発音。

・なかなか起きない。　・潮が満ちない場所。

例	語幹	未然	連用	終止	連体	仮定	命令
生きる	生	—き	—き	—きる	—きる	—きれ	—きろ —きよ

③下一段活用《しもいちだん》…「ない」をつけた場合の活用語尾が**エ段**の発音。

・ゴミを道に捨てない。　・何も答えない。

例	語幹	未然	連用	終止	連体	仮定	命令
分ける	分	―け	―け	―ける	―ける	―けれ	―けろ ―けよ

④サ行変格活用《ぎょうへんかく》…「**する**」のほかに、「勉強する、運動する」など「**熟語＋する**」の形の動詞。

例	語幹	未然	連用	終止	連体	仮定	命令
する		し さ せ	し	する	する	すれ	しろ せよ

⑤カ行変格活用《ぎょうへんかく》…「来る」のみ。

例	語幹	未然	連用	終止	連体	仮定	命令
来る		こ	き	くる	くる	くれ	こい

101号室に住む動詞の特徴、わかりましたか？

動詞とは ＊＊＊＊＊＊＊＊＊＊＊＊＊＊＊＊＊＊＊＊＊＊＊

★動作や状態などを表す。　★最後が「う」の口。

★自立語で、活用する。　★用言として扱われる。

★活用形は六つあって、活用の種類は五つある。

＊＊＊＊＊＊＊＊＊＊＊＊＊＊＊＊＊＊＊＊＊＊＊＊＊＊＊＊＊

動詞に関する情報がタンクに入りました。次の部屋へ向かいましょう。

5 102号室　形容詞《けいようし》 ～「い」がつくから、わかりやすい

形容詞とは、「美しい」「楽しい」「熱い」など**状態や性質、感情など**を表す品詞のことをいいます。言い切りの形(終止形)にしたとき、**最後は「い」**で終わります。

例　懐《なつ》かしい　恐ろしい　薄い　早い　おもしろい

▼形容詞は自立語？　付属語？

あなたに会えてとてもうれしい。

上の文を文節に区切ると、

→ あなたに／会えて／とても／うれしい。　となります。

形容詞である「うれしい」ということばだけで文節を作ることができていますね。つまり、形容詞は**自立語**です。

▼活用する？　しない？

形容詞も動詞のように活用する品詞なのでしょうか。文の中で、どのような形で使われているかを見てみましょう。

- 雪山にそのような薄着では、寒かろう。
- 今年よりも、去年のほうが寒かった。
- 雨にぬれてしまったので寒い。
- 毛布にくるまって、寒い夜を過ごす。
- 寒ければ、ストーブをつけるといいよ。

あとに続くことばによって、語形が変化していますね。形容詞も**活用する**品詞です。

▼動詞と似たものドウシ

ここまでで、形容詞と動詞には「自立語」「活用する」といった共通の特徴があることが確認できました。……ということは、もしかして形容詞も○○なのでしょうか。

彼女の 作る 食事は、おいしい。
主部　述語
推理小説の 犯人を 当てるのは、難しい。
主部　述語

形容詞「おいしい」「難しい」は、それぞれ単独で述語となることができています。やはり、形容詞も「**用言**」ですね。

▼活用形の数は？

では、活用形の種類も動詞と同じく六つあるのか……というと、これは違います。実は、先ほど活用を調べたときに挙げた、五つの例文に出てくる形がすべてです。形容詞の活用形には、**命令形が存在しない**のです。

①**未然形**　・辞書がたくさん入ったカバンは、さぞ重かろう。

②連用形　・買い過ぎたため、買い物袋が重かった。
・リュックサックに本を入れると重くなった。
・私に、その役目は重うございます。

③終止形　・氷が入ったコップは重い。

④連体形　・重い荷物を運ぶ。

⑤仮定形　・重ければ、中身を減らしてもいい。

▼活用の種類は一つだけ

動詞の活用の種類は五つもありましたが、形容詞は一つです。

例	語幹	未然	連用	終止	連体	仮定	命令
眠い	眠	—かろ	—かっ —く —う	—い	—い	—けれ	

形容詞とは ＊＊＊＊＊＊＊＊＊＊＊＊＊＊＊＊＊＊＊＊

★状態や性質などを表す。★「い」で終わる。

★自立語で、活用する。　★用言として扱われる。

★活用形は五つあって、活用の種類は一つだけ。

＊＊＊＊＊＊＊＊＊＊＊＊＊＊＊＊＊＊＊＊＊＊＊＊＊＊

それでは、１階最後の部屋へ！

6 103号室　形容動詞《けいようどうし》 ～「い」は嫌「だ」！

形容動詞とは、「静かだ」「おだやかだ」など**状態や性質などを表す品詞**のことをいいます。言い切りの形（終止形）にしたとき、**最後は「だ」**で終わります。

例　暖かだ　しとやかだ　あざやかだ　元気だ　残念だ

▼「○○＋だ」は、すべて形容動詞？

上に、形容動詞の例として「元気だ」「残念だ」がありますね。では、どのことばも最後に「だ」をつければ形容動詞になるのでしょうか。例文を用いて確かめてみましょう。

A：兄は短気だ。　　B：兄は社長だ。

どちらの文も、兄のことを説明したものとなっています。「短気だ」「社長だ」と、両方とも「○○＋だ」の形ですね。同じ仲間のように思えますが、実は違います。「○○＋だ」を「○○＋な」に変化させて、「兄」の前につけてみてください。

A：兄は短気だ。　　B：兄は社長だ。
→ 短気な兄。　　→ 社長な兄。

Aの「短気な」は自然ですが、Bの「社長な」ということばは変ですね。このように、「○○＋な」の形に変えたとき、意味が通じるものだけが形容動詞なのです。

○ 健康だ → 健康な　　× 女だ → 女な

▼丁寧な文のときは変身！

「私は元気だ」を丁寧な文（です・ます調）に直すと、「私は元気です」となりますね。「元気です」のように、「○○＋です」の形であっても形容動詞の場合もあるので、うっかり見逃さないように。

▼形容動詞は自立語？　付属語？

彼女の笑った顔はさわやかだ。

上の文を文節に区切ると、

→ 彼女の／笑った／顔は／さわやかだ。　となります。

形容動詞である「さわやかだ」ということばだけで文節を作ることができていますので、**自立語**であることがわかります。

▼活用する？　しない？

形容動詞が活用する品詞かどうかを確かめましょう。

- 図書館は夏休み中の小学生でにぎやかだろう。（**未然形**）
- 同窓会の会場はとてもにぎやかだった。（**連用形**）
- 彼の家は、いつもにぎやかだ。（**終止形**）
- 彼女は、とてもにぎやかな人だ。（**連体形**）
- にぎやかなら、それに越したことはない。（**仮定形**）

あとに続くことばによって語形が変化していますので、形容動詞も**活用する**品詞ですね。また、形容詞と同じく、状態や性質などを表すものですから、**命令形は存在しません。**

▼活用の種類

活用の種類は一つだけです。（下段は丁寧文のとき）

例	語幹	未然	連用	終止	連体	仮定	命令
大事だ	大事	―だろ	―だっ ―で ―に	―だ	―な	―なら	
大事です	大事	―でしょ	―でし	―です	(―です)		

▼チーム「用言」のメンバーなの？

彼の 目的は 明らかだ。

主部　　述語

単独で述語となることができる形容動詞も、**用言**です。

▼形容詞との見分け方

「柔らかい」と「柔らかだ」のように、状態や性質を表す形容詞と形容動詞はよく似ています。終止形のときの語尾が「**い**」になるか「**だ**」になるかで、判断するといいですよ。

形容動詞とは ＊＊＊＊＊＊＊＊＊＊＊＊＊＊＊＊＊＊＊＊

★状態や性質などを表す。　★「だ」で終わる。

★自立語で、活用する。　★用言として扱われる。

★活用形は五つあって、活用の種類は一つだけ。

＊＊＊＊＊＊＊＊＊＊＊＊＊＊＊＊＊＊＊＊＊＊＊＊＊＊＊

では、健康のために階段を使って２階へ進みましょう！

7 201号室　名詞《めいし》
～「3台」だって名詞だよ

名詞とは、「電話」「パソコン」「靴」など**事物の名称を表す品詞**のことをいいます。一般的な名称だけではなく、「太郎」「花子」など個人につけられた名称も、すべて名詞です。

この <u>犬</u>の <u>名前</u>は、<u>クン</u>です。

（犬・名前・クン → 名詞）

▼4種類の名詞

名詞の種類は、大きく四つに分けることができます。

①**普通名詞**…同類のものをまとめて呼ぶときの名称。
「学生」「海」「雑誌」「猫」「花」など。

②**固有名詞**…人名や地名など、それだけにつけられている名称。
「宮沢賢治《みやざわけんじ》」「京都府《きょうとふ》」「ナイル川」「富士山《ふじさん》」など。

③**数詞**………数量や順序などを表す名称。
「三冊」「五番目」「六十歳」「第九十九号」など。

④**代名詞**……人名や物事の名前の代わりに使用する名称。
「彼」「彼女」「私」「あなた」「こちら」「それ」など。

ほかに、「うれしいことだ」の「こと」や、「ちょうど帰ってきたところだ」の「ところ」などの「形式名詞《けいしきめいし》」も、名詞の仲間として扱われます。

▼「ソレをコッチに取って」「ソレってドレ？」

代名詞の中でも指示《しじ》代名詞と呼ばれるものは、通常の会話の中でよく使われます。物事や場所、方向などを表すときに活躍する「こそあどことば」の一種ですよ。

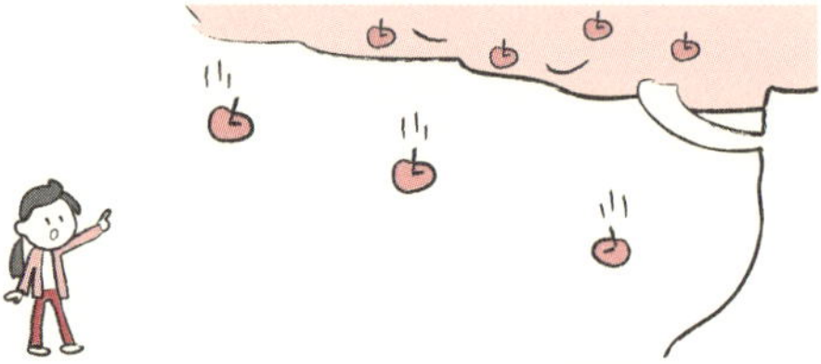

近い ──→ 遠い			不定
これ	それ	あれ	どれ
ここ	そこ	あそこ	どこ
こちら	そちら	あちら	どちら
こっち	そっち	あっち	どっち

▼名詞はいつでも同じ姿

名詞は、文によってその姿を変えることはありません。そして「私、／うれしい」のように単独で文節を作ることができますので、**活用しない自立語**ということになります。

▼品詞界のオールラウンドプレイヤー

次の例文を見てください。　が名詞です。

今日は 強風の せいで、とても 肌寒い。
主語　修飾部

３月なのに、外は まだ 寒い。
接続語　主語　述語

ご覧の通り、主語・修飾部・接続語・述語などの一部として、名詞はさまざまな役割を果たしています。つまり名詞は、すべての「**文の成分**」になることができるのです。しかし、単独では述語になれませんので、用言ではありません。活用しない自立語であって、なおかつ主語になることができる名詞は、「**体**《たい》**言**《げん》」と呼ばれます。

名詞とは ＊＊＊＊＊＊＊＊＊＊＊＊＊＊＊＊＊＊＊＊＊＊

★いろいろなものの名前。　★種類が四つある。
★自立語で、活用しない。　★体言として扱われる。

＊＊＊＊＊＊＊＊＊＊＊＊＊＊＊＊＊＊＊＊＊＊＊＊＊＊

１階のチーム「用言」と違って、２階では、活用しないメンバーが現れましたね。ほかの品詞はどうでしょうか。

少し重くなってきたタンクをしっかりと持って、次の部屋をノックしてください。

8 202号室　副詞《ふくし》 ～おもに用言のアクセサリー

副詞とは、「とても」「ゆっくり」など、おもに用言（動詞・形容詞・形容動詞）を修飾している品詞のことをいいます。

のんびり → 暮らす	とても → 美しい	意外と → 静かだ
動詞	形容詞	形容動詞

▼姿は絶対に変えません

副詞は、文において姿を変えません。そして、上記のように単独で文節を作ることができますので、**活用しない自立語**です。

▼副詞は３種類

副詞はその役割から次のように分けられます。

①状態《じょうたい》の副詞

動作や作用の様子をくわしく表す副詞です。

・クイズの答えをじっくり考える。

・やっと、雨がやんだ。

・バーゲン品は、たちまち売り切れた。

「にっこり」「てきぱき」などの様子を表す擬態語《ぎたいご》や、「ビュービュー」「ワンワン」など事物の音や人、動物の声を表す擬声《ぎせい》語《ご》（擬音語《ぎおんご》）も、状態の副詞です。

②程度《ていど》の副詞

物事の状態や程度の様子をくわしく表す副詞です。

・鍵を失くして、たいへん困った。

・練習の結果、歌が少しはうまくなった。

・意見に反対している人は、ごくわずかだ。

③陳述《ちんじゅつ》の副詞

あとにくることばが、必ず決まった表現をする副詞です。「呼応《こおう》の副詞」「叙述《じょじゅつ》の副詞」ともいいます。

・もしよろしければ、デートしましょう。

※「もし」のあとには「……ば（たら）」がきます。

・決して無理をしてはいけない。

※「決して」のあとには「……ない」など否定表現がきます。

・なぜ、山に登るのだろうか。

※「なぜ」のあとには「……か」という疑問表現がきます。

・たぶん、明日は雪が降るだろう。

※「たぶん」のあとには、「……だろう」と推量表現がきます。

・昨日の出来事は、まるで夢のようだった。

・社会人として、まるでなっていない。

※「まるで」のあとには、その文が表す内容によって「……よう」か、「……ない」など否定表現がきます。

▼副詞にも「こそあどことば」

「代名詞」にあった「こそあどことば」は副詞にもあります。

近い ──→ 遠い			不定
こう	そう	ああ	どう

・こうするしかなかった。（近い過去を指す）

・ああ言ってしまったことを悔やむ。（遠い過去を指す）

▼実は、用言だけではない？

副詞は「おもに用言を修飾する」と紹介しました。そう、場合によっては、名詞やほかの副詞を修飾することもあります。

・ずいぶん 前に 会った。（体言を修飾）

・もっと ゆっくり 歩いて いこう。（副詞を修飾）

副詞とは ＊＊＊＊＊＊＊＊＊＊＊＊＊＊＊＊＊＊＊＊＊

★おもに用言を修飾する。　★種類は三つある。

★自立語で、活用しない。

＊＊＊＊＊＊＊＊＊＊＊＊＊＊＊＊＊＊＊＊＊＊＊＊＊＊

副詞を使うと、物事の様子や感情をくわしく説明できます。とても便利でかなり使用頻度の高い品詞です。もし副詞が使えなかったら、表現のやり取りはあまりおもしろくないものになりそうですね。さあ、どんどん進んでいきましょう。

9 203号室　連体詞《れんたいし》 ～体言だけのアクセサリー

連体詞とは、「この」「あの」「いわゆる」など、**体言（名詞）を修飾している品詞**のことをいいます。

その 人（名詞）　ある 場所（名詞）　来たる 日（名詞）　我が 家（名詞）

▼変身しない

連体詞は、文の中で語形を変えることはありません。また、上記のように単独で文節を作ることができますので、**活用しない自立語**であることがわかります。

▼どっちが連体詞？

Ａ：彼には 大きい 夢が ある。

Ｂ：彼には 大きな 夢が ある。

「大きい」と「大きな」はどちらも、「夢」という体言を修飾しています。見た目もよく似ていますが、同じ品詞ではありません。ＡとＢには、はっきりとした違いがあるんです。それは、**活用するかどうか**、ということです。Ａは、「―い」の形になって「夢」を修飾した連体形です。つまり、終止形が「大きい」となる形容詞ですね。活用しないＢが、連体詞です。

▼どっちが連体詞？　パート2

A：小さな ことに こだわる。
B：些細《ささい》な ことに こだわる。

A「小さな」もB「些細な」も、形式名詞である「こと」を修飾しています。A「小さな」は、先ほど確認した「大きな」と同じく、どんなときでも語形を変えないので連体詞です。ですが、B「些細な」はどうでしょう。こちらは「こと」を修飾するために語形を変化させています。言い切りの形（終止形）は「些細だ」で、「些細な」は名詞を修飾しているので連体形ですね。連体形が「―な」という形になっていますので、「些細な」は形容動詞であることがわかります。

簡単な見分け方

最後の「な」を「だ」に変えてみる。

いろんな　→　いろんだ………×　連体詞
いろいろな　→　いろいろだ……○　形容動詞

▼連体詞の形

連体詞の形は、次のような語尾のものに分かれます。

①「～な」の形

・それは、どこかおかしな話だ。
・こんな日に限って、遅刻するなんて。
※「こんな・そんな・あんな・どんな」は「こそあどことば」

② 「〜の」の形

・あのノートは、田中くんのです。

・あなたの家は、どのあたりにありますか。

※「この・その・あの・どの」は「こそあどことば」

③ 「〜る」の形

・去る二十一日に、会議が開かれた。

・あらゆる困難が待ち受けようとも、私は負けない。

④ 「〜が」の形

・わが母校が、甲子園に出場した。

⑤ 「〜た」「〜だ」の形

・たいした怪我はしていないから、大丈夫だ。

・とんだ災難に見舞われた。

連体詞とは ＊＊＊＊＊＊＊＊＊＊＊＊＊＊＊＊＊＊＊＊＊＊＊＊＊＊

★体言を修飾する。　★自立語で、活用しない。

＊＊＊＊＊＊＊＊＊＊＊＊＊＊＊＊＊＊＊＊＊＊＊＊＊＊＊＊＊＊＊＊

では、文法界の、いわゆる仲人のような役割をもっている、あの品詞が待つ部屋へ進んでいきましょう。

10 204号室　接続詞《せつぞくし》 ～文や文節の連結部

接続詞とは、「だから」「しかし」「ところで」など、**前後の文や文節、ことば、段落などをつなぐ品詞**のことをいいます。

・花見へ出かけた。でも、桜はまだ咲いていなかった。

→文と文をつなぐ

・彼は強くて、しかも優しい。

→文節と文節をつなぐ

・食後または食間にお飲みください。

→ことばとことばをつなぐ

・私の趣味は読書だ。今は時間があまりないため、１日に数ページずつしか読むことができないが、それでもその習慣を大切にしている。

　ところで、ふと気になったのだが、読書好きの人は、１か月あたり本を何冊ぐらい読んでいるのだろうか。

→段落と段落をつなぐ

▼いつでも同じ

接続詞は、文の中で語形を変えることはありません。そして、上記の例文のように、単独で文節を作ることができる品詞です。つまり、接続詞は**活用しない自立語**です。

▼接続詞の種類

前後の文やことばをつなぐとき、接続詞なら何でもいいというわけではありません。

風邪をひいた。しかし、病院へ行った。

上の文、何だか変ですよね。「風邪をひいた」と「病院へ行った」を「しかし」という接続詞でつないでいます。「風邪をひいた人が行ってはいけない病院」ならまだしも、違和感を抱く文章です。この場合、「だから」や「それで」などの接続詞を入れた方が自然です。場面に応じた、適切な接続詞を選びましょう。

接続詞は、その役割によって次のように分けられます。

①順接《じゅんせつ》…前の内容が理由や原因となって、その自然な結果があとにくる場合。

・必死で練習した。だから、試合で勝つことができた。

例 それで・したがって・そこで・ゆえに

②逆接《ぎゃくせつ》…前の内容から予想される結果とは逆のものがあとにくる場合。

・ほとんどあきらめていた。が、合格の通知が届いた。

例 しかし・ところが・けれども・でも・だが

③並立《へいりつ》（並列）…前後の内容を、対等の関係に並べる場合。

・彼女は作詞ができる。そして、作曲もできる。

例 また・ならびに・および

④累加《るいか》…前の内容につけ加える場合。
（添加）
・猫を飼っている。そのうえ、犬も２匹いる。

例　それから・なお・それに・しかも

⑤対比《たいひ》・選択《せんたく》…前後の内容のどちらかを選んだり、比べたりする場合。

・コーヒーを飲みますか。それとも紅茶にしますか。

例　あるいは・または・もしくは

⑥説明《せつめい》・補足《ほそく》…前の内容に補足や説明をする場合。

・プレゼントがあります。ただし、先着100名です。

例　つまり・すなわち・なぜなら

⑦転換《てんかん》…前の内容から話題を変えたり、発展させたりする場合。

・こんにちは。では、今日は何をしようか。

例　さて・ところで・そもそも

接続詞とは ＊＊＊＊＊＊＊＊＊＊＊＊＊＊＊＊＊＊＊＊＊

★前後をつなぐ。　★自立語で、活用しない。

★用途に応じて、使い分けることが必要。

＊＊＊＊＊＊＊＊＊＊＊＊＊＊＊＊＊＊＊＊＊＊＊＊＊＊

２階の部屋もあと一つです。普段よく使うもの。しかし、その名前はあまり知られていない……、そんな品詞が待っています。「お気の毒！」と思うなら、しっかりとタンクに詰め込んであげてくださいね。

11 205号室　感動詞《かんどうし》
～知名度ワースト1

次の会話文を見てください。

甥《おい》　「こんにちは、お久しぶりです。」
伯父　「おお、しばらく見ないうちに背が伸びたな。」
甥　「はい、この３年で20cmも伸びました。」
伯母　「そんなに伸びたのね。まあ、びっくりだわ。」

上記の「こんにちは」「おお」「はい」「まあ」などは、会話文中で、話し手の**感動**や**応答**、**呼びかけ**を表す役目をもっています。このような品詞を**感動詞**といいます。名前はあまり知られていませんが、日常会話でもよく使う品詞ですね。

▼姿を変えない、一匹狼《おおかみ》

感動詞は**活用しない**品詞です。文によって語形を変化させることはありません。そして、単独で文節を構成することができますので、**自立語**であることがわかります。

また、ほかの文節と係り受けの関係（P23～24参照）をもちません。つまり、文の成分では**独立語**となります。

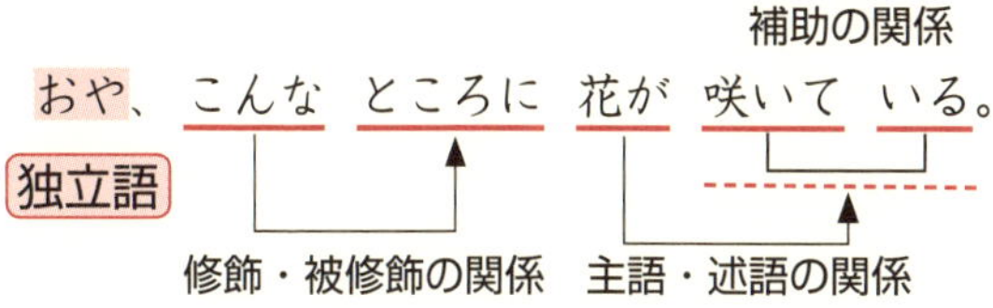

▼感動詞の種類

感動詞は、その役割によって次のようなものに分けられます。

①感動…いろいろな気持ちを表す。

・えっ、今、なんて言ったの。

例　まあ・ああ・あれ・おや・ふん

②応答…質問などに対する返答を表す。

・いいえ、それは私の手帳ではありません。

例　はい・うん・いや・ええ・はあ

③呼びかけ…呼びかけ、誘いかけを表す。

・おい、ちゃんと話を聞いているか。

例　もしもし・やあ・あの・ねえ

④あいさつ…日常のあいさつを表す。

・ありがとう、助かったよ。

例　おはよう・こんにちは・こんばんは・さようなら

⑤かけ声…かけ声を表す。

・一緒に荷物を運ぼう。せーの。

例　よいしょ・えい・ほら・わっしょい

感動詞とは ＊＊＊＊＊＊＊＊＊＊＊＊＊＊＊＊＊＊＊＊

★感動、応答、呼びかけを表す。

★自立語で、活用しない。

★ほかの文節から独立している。

＊＊＊＊＊＊＊＊＊＊＊＊＊＊＊＊＊＊＊＊＊＊＊＊＊＊

12 301号室　助詞《じょし》
～ひと文字違いで大違い

ようこそ3階へ。現時点で、すでに8個もの品詞情報を手に入れました。そろそろ燃料タンクの重さが腕にひびいてきたのではないでしょうか。満タンまであとひと息です。

今日は、朝から雪が降りましたよ。

上記の「は」「から」「が」などのように、**単語同士の関係や対象を表す品詞**を**助詞**といいます。

話しことばの中では、「お腹《なか》、空《す》いた。」「パン、食べよう。」など、助詞を省くことがあります。ですが、正式な文を作る際には、欠かすことのできない品詞です。

「お腹、空いた。」　→　「お腹が空いた。」
「パン、食べよう。」　→　「パンを食べよう。」

▼ひと文字違うと……

助詞は最低１字からなる品詞です。でも、そのたった１字が大きな役割をしています。例えば、事件の目撃者になったとします。警察に犯人を知らせるときに「あの人がやりました。」と言うべきところを、「あの人とやりました。」なんて言ってしまったら大変です！　ひと文字に込められた意味・役割を大切にして、助詞を使い分けるようにしましょう。

▼助詞は甘えん坊

助詞は、**活用しない**品詞です。いつでも同じ姿をしています。そして、「今日は」「雪が」のように、単独で文節を作ることはできません。必ず自立語のうしろにくっついた形になっています。このあとに出てくる助動詞とあわせて**付属語《ふぞくご》**と呼びます。

▼助詞の種類

助詞は、その役割によって、次のように分けられます。

格《かく》助詞・**接続《せつぞく》助詞**・**副《ふく》助詞**・**終《しゅう》助詞**

▼格助詞

格助詞は、おもに体言について、その語がほかの語にとってどのような関係にあるかを示すものです。

▽「**が**」…おもに体言について、主語や対象語を示す。

・花粉が飛んでいる。　←　主語を示す。

・映画が見たい。　←　動作の対象を示す。

▽「**を**」…おもに体言について、その文節が連用修飾語であることを示す。（対象・起点・場所・方向・時間など）

・本を読む。　←　動作の対象を示す。

・会社を五時に出た。　←　起点を示す。

・夏休みをハワイで過ごす。　←　時間を示す。

▽「**の**」…おもに体言について、主語や連体修飾語であることを示したり、対象を示したりする。

・彼の運転する車。　　　　← 主語を示す。

・私の弟です。　　　　　　← 連体修飾語を示す。

・行くの行かないのと迷う。← 並列を示す。

・その靴は彼のです。　　　← 体言の代用。

▽「から」…おもに体言について、その文節が連用修飾語であることを示す。（起点・原因・材料など）

・友人から本を借りた。　　← 起点を示す。

・疲れから身体を壊した。　← 原因を示す。

・大豆から豆腐ができる。　← 材料を示す。

ほかに「に・で・へ・より・まで・と・や」があります。

▼接続助詞

前後の文や文節をつないだものは接続助詞です。

▽「が」…活用する語について、逆接や並立を示す。

・自信はないが、告白する。　← 逆接を示す。

・犬も好きだが、猫も好きだ。← 並立を示す。

※「が」の前にくるものが体言なら格助詞の「が」。

▽「ので」「から」…原因や理由を示す。

・晴れたので、出かける。　← 原因・理由を示す。

・疲れたから、もう眠る。　← 原因・理由を示す。

▽「ば」…仮定や確定、並立を示す。

・笑いたければ、笑え。　　← 仮定を示す。

・春が来れば、卒業だ。　　← 確定を示す。

・馬も鳴けば、牛も鳴く。　←　並立を示す。

▽「ながら」…動作の並行や確定を示す。

・テレビを見ながら話す。　←　動作の並行を示す。

・知っていながら、何も言わない。←　確定を示す。

ほかに「けれど・のに・ものの・ても・つつ・と・なり・し・たり・ところで」などがあります。

▼副助詞

副助詞は強調や程度、限定などの意味をつけ加えたものです。

▽「は」…区別や強調を示す。

・富士山《ふじさん》は日本一の山だ。　←　ほかとの区別を示す。

・何も怖くはない。　←　強調を示す。

▽「も」…並立や添加、強調などを示す。

・朝顔もバラもきれいだ。　←　並立を示す。

・弟に加えて、妹も踊った。　←　添加を示す。

・３万円も落としてしまった。←　強調を示す。

▽「こそ」…強調を示す。

・友達だからこそ注意する。　←　強調を示す。

ほかに「さえ・しか・きり・だけ・でも・など・ほど・ばかり・ずつ・だって」なども副助詞です。

▼終助詞

感動や気持ちなどを表すものは、終助詞です。

▽「か」…疑問や反語などを示す。

・どうしてこんなことをしたのか。← 疑問を示す。

・あなたを嫌いになれようか。← 反語を示す。

▽「な」…禁止や命令、念押しなどを示す。

・嘘《うそ》をつくな。← 禁止を示す。

・もっと厚着をしな。← 命令を示す。

・絶対に後悔はしないのだな。← 念押しを示す。

▽「よ」…感動や呼びかけなどを示す。

・この絵のなんと素敵なことよ。← 感動を示す。

・弟よ、元気でいるか。← 呼びかけを示す。

ほかに「の・かしら・わ・ね・さ・ぜ・ぞ・や・とも」などがあります。

助詞とは ＊＊＊＊＊＊＊＊＊＊＊＊＊＊＊＊＊＊＊＊＊＊

★単語同士の関係や対象を表す。

★付属語で、活用しない。

★種類が四つ（格助詞・接続助詞・副助詞・終助詞）ある。

＊＊＊＊＊＊＊＊＊＊＊＊＊＊＊＊＊＊＊＊＊＊＊＊＊＊＊

13　401号室　助動詞《じょどうし》 ～識別を覚えたことが思い出さ「れる」？

とうとう最上階、あと一つですね。でも、ここで待っているのは、ファンタジーでいうところの魔王のような大物です！　油断せず、情報を燃料タンクに入れましょう。

今までに、動詞・形容詞・形容動詞・名詞・副詞・連体詞・接続詞・感動詞・助詞に出合いました。これだけあればもう大丈夫！　と言いたいところですが、大事な品詞がまだ出てきていません。次の例文を見てください。

どこか遠いところに旅行へ行きたいね。

この文に使われている品詞を確認します。まずは、単語にバラバラにしてみましょう。

どこ　か　遠い　ところ　に　旅行　へ　行き　たい　ね。

上記のように、10個の単語に分かれました。この中で、すでにタンクに入れている品詞に下線を引いてみます。

どこ	か	遠い	ところ	に	旅行	へ	行き	たい	ね。
名詞	助詞	形容詞	名詞	助詞	名詞	助詞	動詞		助詞

一つだけ下線がありませんね。でも、この「たい」がなければ、文の意味は通じなくなります。このように、文意に影響力をもつ「たい」などの品詞を、**助動詞**といいます。**用言やほかの助動詞について、いろいろな意味を表す**働きをもっています。

▼助動詞は甘えん坊、暴れん坊

「食べさせよう」「食べさせる」「食べさせれば」「食べさせろ」のように、助動詞は文に応じて語形を変化させます。つまり、**活用する品詞**です。また、助詞と同じように、単独で文節を作ることができない**付属語**です。

助動詞は、その役割によって次のように分けられます。（それぞれの活用はP191を参照してください。）

▼使役《しえき》

▽「せる・させる」――**活用語の未然形**につく。

・飼い犬を散歩させる。

・朝までゆっくり寝させておこう。

▼断定《だんてい》

▽「だ」――**体言**や一部の**助詞**、**活用語の終止形**につく。

・彼女は優しい人だろう。（体言につく）

・あそこに飾っている写真は私のだ。（助詞につく）

・あなたが行くなら、私も行きます。（終止形につく）

▼丁寧《ていねい》な断定

▽「です」――**体言**や一部の**助詞**、**活用語の終止形**、**形容動詞の語幹**につく。

・今日のノルマは、これだけです。（助詞につく）

▼推定《すいてい》

▽「らしい」――**活用語の終止形や体言、形容動詞の語幹、一部の助詞・副詞**につく。

・明日は、嵐が来るらしい。（終止形につく）

▼打《う》ち消《け》し

▽「ない」――**動詞**と、**一部の助動詞の未然形**につく。

・彼は決して泣かない。（動詞の未然形につく）

▽「ぬ（ん）」――**動詞**と、**一部の助動詞の未然形**につく。

・もう過去は変えられぬ。（助動詞の未然形につく）

▼希望《きぼう》

▽「たい」――**動詞**と、**一部の助動詞の連用形**につく。

・大事なことは自分で考えさせたい。（助動詞の連用形につく）

▽「たがる」――**動詞**と、**一部の助動詞の連用形**につく。

・弟は何でも知りたがる。（動詞の連用形につく）

▼丁寧《ていねい》

▽「ます」――**動詞**と、**一部の助動詞の連用形**につく。

・日曜日に動物園へ行きます。（動詞の連用形につく）

▼受《う》け身《み》・可能《かのう》・自発《じはつ》・尊敬《そんけい》

▽「れる・られる」――**動詞**と、**一部の助動詞の未然形**につく。

・周囲の人に助けられる。〔受け身〕

・簡単な問題なら答えられる。〔可能〕

・故郷の海が思い出される。〔自発〕※自然とそのようになる

・取引先の社長が来られる。〔尊敬〕

▼過去《かこ》・完了《かんりょう》・存続《そんぞく》

▽「た（だ）」——**用言**と、一部を除いた**助動詞の連用形**につく。

・この高校に通った。〔過去〕

・今、手紙を読んだところだ。〔完了〕

・アスファルトで舗装された道。〔存続〕

▼意志《いし》（推量《すいりょう》）・勧誘《かんゆう》

▽「う・よう」——**用言と一部の助動詞の未然形**につく。

・今夜は中華料理を食べよう。〔意志〕

・もうすぐ山田さんが来るだろう。〔推量〕

・海を見に行こう。〔勧誘〕

▼伝聞《でんぶん》・様態《ようたい》（推定）

▽「そうだ」——伝聞は**活用語の終止形**につく。
様態は**動詞と一部の助動詞の連用形、形容詞・形容動詞の語幹**につく。

・彼は今期で引退するそうだ。〔伝聞〕

・赤ちゃんが今にも泣きそうだ。〔様態〕

▼推定《すいてい》・たとえ・例示《れいじ》

▽「ようだ」——**用言と一部の助動詞の連体形、助詞「の」**につく。

・どうやら母が来たようだ。〔推定〕

・監督は鬼のように厳しい。〔たとえ〕

・映画に出てくるヒーローのような強さ。〔例示〕

▼打ち消しの推量・打ち消しの意志

▽「まい」――五段活用動詞と助動詞「ます」の終止形、五段活用以外の動詞と一部の助動詞の未然形につく。

・彼は、この企画には参加しまい。〔打ち消しの推量〕

・二度と、それを口には出すまい。〔打ち消しの意志〕

▼助動詞じゃナイ？

では、ここでクイズです。次のうち、助動詞「ない」はどれでしょうか。正解はのちほど。ヒント「ない」を変身させて……。

A：カレーがからくない。　B：机がきたない。

C：メニューがない。　D：もう食べられない。

助動詞とは ＊＊＊＊＊＊＊＊＊＊＊＊＊＊＊＊＊＊＊＊

★文が表す意味に影響力をもつ。

★付属語で、活用する。

＊＊＊＊＊＊＊＊＊＊＊＊＊＊＊＊＊＊＊＊＊＊＊＊＊＊

品詞ビルのすべての部屋をまわり終えました。１階から４階まで、全部で10個もの品詞を燃料タンクに詰め込むことに成功しました。これで車を動かすことができますよ。ついでに自分自身にも燃料補給しておきましょう。品詞ビルの向かい側のファミリーレストランへ入ってください。

14 敬語《けいご》 〜大人はきちんと使えているはず……

「いらっしゃいませ！」
足を踏み入れた瞬間、店内に明るい声がひびき渡りました。入口の「おひとり様ですか？」の質問にうなずくと、見晴らしのよい窓際の席へ案内されました。燃料タンクは、ひとまず足元に置いておきましょう。
ウエイトレスが、お水の入ったコップを運んできて、こちらに向かって言いました。
「それで、注文はきまった？　何にする？」
……
あれ？　何か心にモヤっとしたものを感じますよね。

天は人の上に人を造らず……とは言いますが、社会生活を円滑に送るためには、他人との関わりにもとづいた「ことばのマナー」を守ることはとても重要です。

上司、先生、客……といった関係の相手と話をする場合、失礼があってはいけません。また、初めて会った人に対しても、マナーを守ったことば遣いが必要です。このようなときは通常の表現ではなく、改まった丁寧な表現**敬語**を使用しましょう。敬語とは、**相手に対して敬意や丁寧な気持ちを表すことば**です。

敬語には、大きく分けて「尊敬語《そんけいご》」「謙譲語《けんじょうご》」「丁寧語《ていねいご》」の三つがあります。

▼尊敬語

相手の行動を高めた言い方をして、敬意を表したことばです。尊敬語の表し方には、次のようなものがあります。

①特別な動詞を用いる

尊敬の意味をもった、特別な動詞を用います。

・先生が我が家にいらっしゃる。「来る」の尊敬語
・先輩がおもしろい本を私にくださった。「くれる」の尊敬語
・社長、この話をご存じですか。「知る」の尊敬語

相手の行動にのみ用います。

普通の言い方	尊　敬　語
言う	おっしゃる
いる	いらっしゃる
行く	いらっしゃる
来る	いらっしゃる・おいでになる お見えになる
する	なさる・あそばす
食べる	召しあがる
見る	ご覧になる

②「お（ご）～になる」「お（ご）～なさる」を用いる

「お（ご）～になる」「お（ご）～なさる」をつけて尊敬語にします。「なさる」は「する」の尊敬語ですね。

- 社長が、取引先の会社へお出かけになる。
- 鈴木先生は、同窓会にご出席なさるそうです。

③助動詞「れる・られる」を用いる

尊敬の意味をもつ助動詞「れる・られる」を用いると、そのことばも尊敬語になります。

- 全校生徒の前で、校長が話される。「話す」の尊敬表現
- 師匠は旅行へ行かれたらしい。「行く」の尊敬表現

※「料理を召しあがられる」のように、**尊敬語に「れる・られる」を足さない**ように！　過剰な敬語はＮＧです。

④接頭語・接尾語を用いる

接頭語（ほかの語の前につける語）の「お」「ご」「御」「貴」などや、接尾語（ほかの語のあとにつける語）の「様」「さん」「殿」などを用いて、敬意を表します。より改まった場所では、接頭語と接尾語の両方をつけて表現することもあります。

お車	ご兄弟	御社《おんしゃ》	貴誌《きし》
妹さん	田中殿	お美しい	お客様

　いつの間にか、隣のテーブルにほかのお客さんが。先ほどのウエイトレスは、奥で何か言われたのでしょうか。「お客様、ご注文はお決まりでしょうか。」と、今度は、適切なことば遣い。すると、隣のお客さんが口を開きました。
「この店って24時間営業なの？」
　ウエイトレスはにっこり笑って答えます。
「はい、当店は24時間、営業をなさっています。」
　……
　あれ？　またモヤモヤっとしたものが……。

　自分側の行動に対して尊敬語を用いてしまっていますよ。

▼謙譲語

　自分の言動を低めた言い方をして、相手への敬意を表したことばです。次のような表現方法があります。

①特別な動詞を用いる

　謙譲の意味をもった、特別な動詞を用います。尊敬語とセットで覚えておくといいですよ。

・先生の描いた絵を拝見する。「見る」の謙譲語
・お客様にパンフレットを差しあげる。「与える」の謙譲語

　相手の行動に用いてはいけません。自分や身内の行動にのみ使用します。

普通の言い方	謙　譲　語
言う	申す・申しあげる
いる	おる
行く・来る	うかがう・参る
する	いたす
食べる	いただく
聞く	うかがう・拝聴する
会う	お目にかかる
知る	存じあげる

②「お（ご）～する」「お（ご）～いたす」を用いる

「お（ご）～する」「お（ご）～いたす」をつけて謙譲語にします。「いたす」は「する」の謙譲語ですね。

・荷物をお持ちします。
・後日、ご報告いたします。

③接頭語・接尾語やへりくだったことばを用いる

接頭語の「粗」「弊」「拙」などや接尾語の「ども」などを用いて、敬意を表します。相手ではなく、自分側につけます。

粗品《そしな》　弊社《へいしゃ》　拙宅《せったく》　愚息《ぐそく》
わたくしども　てまえども　つまらないものですが

謙譲語の中で、敬意を向ける、はっきりとした対象がいなくても自分の行動を改まって丁重に表現したものは、丁重語《ていちょうご》（謙譲語Ⅱ）と呼びます。

・来月から北海道へ参ります。
・今日は波が荒れております。

▼丁寧語

丁寧な言い方をすることによって、敬意を表したことばです。

①助動詞「です・ます」を用いる

丁寧の意味をもつ助動詞「です・ます」をつけます。

・私はサッカーが好きだ。→　私はサッカーが好きです。
・砂浜で貝殻を拾う。→　砂浜で貝殻を拾います。

②「ございます」を用いる

「ある」という意味の丁寧語「ございます」を使います。

・私が良雄《よしお》の父だ。→　私が良雄の父でございます。

③接頭語を用いる

接頭語の「お」「ご」を用いて、丁寧に表現します。

お茶　お弁当　お昼　ご飯　ご馳走　ご紹介

丁寧語の中でも、物事を上品に美化して述べたことばを「美化語《びかご》」と呼びます。

注文したカレーライスが届きました。早速スプーンを手に、パクリ。あれ？　辛くない？　おかしいな、と思いながらも食べ続けていると、ウエイトレスが飛んで来ました。

「お客様！　そちらのカレー、シェフがお子様用のものとお間違えになったようなのです。すぐ新しいものを作ってくださいますので、お待ちください。」

いろいろな意味でモヤっとするのをおさえ、すでにお腹がいっぱいなため、新しいものは必要ないと言いました。

このウエイトレスにとって、シェフは立場上、目上の存在なのでしょう。シェフの行動を尊敬語で表現しています。ですが、ここに「客」という第三者が存在しているので、自分側（身内・社内・仲間内など）の人に対して尊敬語を使うことは間違っています。**身内の行動や発言などを他人に話すとき、尊敬語を使ってはいけません**。通常の表現や**謙譲語**を用いるようにしましょう。

→　……お子様用のものと**間違えた**ようなのです。

→　すぐ新しいものを**お作りいたします**ので、……

もう食べられないから、とカレーを断ったせいか、おわびとして、ウエイトレスがコーヒーを持ってきました。

「こちら、コーヒーになります。」

コーヒーに……、なる？　なにから、なる？

「コーヒー**になります**。」「サラダ**のほう**、ドレッシングは何になさいますか。」「ご注文は以上で**よろしかった**でしょうか。」「五千円**から**お預かりします。」などのことばは、ファミリーレストランやコンビニエンスストアを始め、さまざまな場所で耳にします。これらは接客用に定型化された、いわゆる「**マニュアル敬語**（バイト敬語）」と呼ばれるものですが、文法的にはおかしな部分も出てきます。「コーヒー**です**」「サラダ**の**」「**よろしい**でしょうか」「五千円**を**」とはっきり表現せずぼかすところに、日本人特有の謙遜《けんそん》気質が表れているのかもしれませんね。しかし、失礼が許されない場所での使用は控えましょう。

お店も混んできました。コーヒーもおいしく飲んだので、そろそろ出ようと立ち上がった途端、次のお客さんが椅子に座りました。ウエイトレスが急いで食器を片づけようとしたら、「机なんて、きたなくてもいいよ。それよりメニューを持ってきて。速く、速く！」とのこと。世の中にはせっかちな人がいるものですね。

軽やかな気分でレストランを出ます。これから、いよいよ、本当にいよいよ、快適ドライブのスタートです。弾んだ気分の真っ最中、うしろからウエイトレスの声が……。

「お客様、タンクをお忘れでございます！」

完璧な敬語に拍手！

P62の答え　D

2章

表現

1 文章の書き方
～心を伝えるにも技術と作法がある

燃料タンクをトランクへもどし、運転席へ座ります。ハンドルの横にあるボタンを押すと、エンジンが軽やかな音を立て始めました。操作は足元の二つのパッドだけです。右を踏むと進み、左を踏むと止まる仕組みです。さあ、ドライブの始まりです。シートベルトを忘れずに！

乗り心地はどうですか？　初めて運転するとは思えないほど、動かしやすい車でしょう。これも、苦労して燃料を集めた成果です。そのまま進み、先ほどのファミリーレストランの前を通ったら右へ曲がってください。そして、「表現ストリート」と刻まれたアーチをくぐり抜けましょう。

いいですね。とてもスムーズに進んでいますよ。質のいい燃料ですから、排ガスも出ていません。穏やかな陽射《ひざ》しが降り注ぐ道を走る車は、とても絵になります。最高のドライブ日和《びより》です。何だか楽しくなってくるでしょう？
そうだ！　この楽しさをだれかに教えてあげましょう。

日常の生活において、文章を書く機会は多くあります。メモや手紙、それから作文や小論文など、だれもが書いた経験があるでしょう。それぞれの文章を書く目的は違っても、書くにあたって注意すべきことは共通しています。

▼正しい文を書く

燃料タンクに詰め込んだ品詞で、「活用する付属語」といえば何でしたっけ。単独では文節を作ることができない甘えん坊だけど、変身する暴れん坊……、そう、助動詞ですね。

助動詞のうち、特に気をつけて使用したいものが「れる・られる」「せる・させる」です。

▽必要なもの・余分なもの

「れる・られる」には**受け身**・**可能**・**自発**・**尊敬**という四つの意味がありました。ここで注意すべきは**可能**の意味で用いる場合の「れる・られる」です。次の例文を見てください。

> 満腹だが、ケーキならまだ食べれる。

「食べることができる」と同じ意味のことばとして、「食べれる」という表現が使われています。一見、尊敬の助動詞「れる」を用いたもののように思われますが、「れる」があとにくるのは、**五段活用動詞**と**サ行変格活用動詞**の未然形だけなのです。「食べる」は下一段活用動詞の未然形ですから、あてはまりません。となると「食べる」につく助動詞は「られる」であるはずですが、

「食べれる」といった表現になっています。このような表現は「ら抜きことば」と呼ばれています。

＜ら抜き表現の例＞　・目覚まし時計が鳴る前に起きれる。
・ここからなら、美しい景色が見れる。

ほかにも同様の表現があります。

ここで祭をやらさせていただくことになりました。

「掃除をさせる」「公園で遊ばせる」など、使役の意味をもつ助動詞「せる・させる」を用いた文です。例文の「やる」は五段活用の動詞です。五段活用動詞の未然形につくことができるのは「させる」ではなく「せる」のほうですから、この例文は「さ」が余分に入っている、いわゆる「さ入れことば」です。

また、「言える」「読める」など、それだけで「～することができる」という意味をもった可能動詞に、さらに可能の助動詞「れる」をプラスさせて「言えれる」「読めれる」とした表現もあります。「れ足すことば」と呼ばれるものですが、方言《ほうげん》（P161参照）として日常的に用いる地域もあるようです。

最近では、「ら抜きことば」を使う人も少なくありません。「もはや市民権を得ている」「言いやすいほうがいい」「ことばは生き物だからこうやって変化していく」とも言われています。

もしかしたらこの先、それらが一つの表現方法として根づいていくかもしれませんが、現時点では、話しことばではまだしも、正式な文書での使用は避けるようにしましょう。

▽T・P・Oを考えた文体

文体には、「だ・である」調の常体《じょうたい》と「です・ます」調の敬体《けいたい》の二つがあります。時(Time)・場所(Place)・場合(Occasion)に合わせて、適切なほうを選んでください。

例	・友達と話すとき	→	常体で可
	・公的な場所での挨拶《あいさつ》	→	敬体
	・上司へのお礼を書いた手紙	→	敬体

常体と敬体のどちらを選んだ場合でも、文書では文体を最初から最後まで、統一して書くことが基本です。「昨日、デパートへ買い物に出かけた。そして、赤いワンピースを買いました。とても気に入っている。」のように、常体と敬体を交ぜて使用してはいけませんよ。

左側に見える空き地へ入って、駐車しましょう。助手席の前にあるボックスを開いてください。そこに入っているノートパソコンを使って、ドライブの感想を友達にメールしましょう。この楽しさ、だれに伝えますか？

2 Eメール・手紙の書き方 ～ハナコ？　カシコ？

パソコンを開いてください。メールソフトは、すでに立ち上がっています。宛先の欄に相手のメールアドレスを入力したら、次は「件名」を先に入れておきましょうか。

▼件名は具体的かつ簡潔に

メールを受け取った相手が、最初に見るのが件名です。開く前に、何について書かれたメールなのかがひと目でわかるようにしておくと、相手にとって親切です。ただし、あまりだらだらと長く書くのは良くありません。表示される字数に制限がある場合もありますので、簡潔に書くよう心がけてください。

件名：ドライブしませんか？

▼本文を書く

本文の初めには、「○○様」といったように相手の名前を必ず入れるようにしましょう。アドレスの入力間違いなどで、ほかの人に届いてしまうこともあり得ます。受信した人が自分宛に来たメールであるかどうか確認できる形にしてください。また、続けて「××です」と、こちらの名前を入れておくことによって、相手が差出人をすぐに理解することができます。忙しい人は、件名だけを見てメールを開くことがありますからね。

▼文体は……

メールを受け取る相手によって、適切な文体を選びます。気の知れた友人に送るなら、常体やくだけた話しことばを使用した文でかまいませんが、目上の人やプライベートではあまりつき合いのない人に送る場合は、敬体を用いるほうが無難です。

▼見やすいメール

自分が使用しているメールソフトと同じものを相手が使用しているとは限りませんから、文章が思わぬところで改行されているかもしれません。どのような内容であっても、メールは受け取る人にとって読みやすいものであることが一番です。適度な文字数で改行しながら文を入力するといいですよ。

宛先：xxxx@xxx.xx
件名：ドライブしませんか？

○○さん

こんにちは、××です。
お誘いしたいことがあってメールを出しました。

私は今、ドライブを楽しんでいます。
初めて乗る車ですが、とても乗り心地がいいですよ。
この車はガソリンではなくて、
国語に関する情報が燃料となって動いています。
だから、排ガスで空気を汚すこともないのです。

……略……

また、文章のまとまりごとに空の行を入れると、より見やすい形にすることができます。

……略……

ドライブを始めると、とても気分が良くて、
これはぜひともあなたにも味わってほしいな、と思ったのです。

今度、都合がよい日を教えてください。
一緒にドライブを楽しみましょう。
返信はいつでもかまいませんよ。

では、また。

××より

メールの最後には再び署名をします。また、メールに対する返信が、至急必要であるかどうかについて触れて、緊急度を示しておくこともお勧めです。

▼携帯メール

携帯メールの場合は、画面の横幅が狭いので、改行し過ぎると逆に見づらくなります。

文章のひとまとまりが終わるまで、文を続けて入力したほうが見やすい画面となります。

宛先：xxxx@xxx.xx
件名：ドライブしませんか？

○○さん

　こんにちは、××です。お誘いしたいことがあってメールを出しました。

　私は今、ドライブを楽しんでいます。初めて乗る車ですが、とても乗り心地がいいですよ。

本文が書き終わったら文面を読み直して、誤字・脱字のチェックも忘れずにしておきます。自分が伝えたいと思っていることが、きちんと書けていますか？　失礼なことば遣いをしていませんか？　すべてＯＫなら、送信ボタンを押しましょう。

メールも便利ですが、やはり手紙の良さも捨てきれませんよね。今度は手紙を使って、案内を出すことにしましょう。せっかくなのでちょっとかしこまった本格的な手紙を書いてみます。パソコンが入っていたボックスにはレターセットも入っていますので、それを使いましょう。

▼手紙の型

正式な手紙には、基本の型があります。

①
拝啓　新緑の候、皆様にはいかがお過ごしでしょうか。

②
さて、近々、季節を楽しむドライブの会を開催しようと思います。
お忙しいこととは存じますが、お誘い合わせの上ご参加くださいますようお願い申し上げます。
後日、詳細のご案内をお送りします。

③
まずは開催のご連絡のみにて失礼いたします。
敬具

④
平成○年○月○日
（自分の名前）
（相手の名前）

①前文	頭語《とうご》・時候の挨拶《あいさつ》
②本文	用件
③末文	結びの挨拶・結語《けつご》
④後付け	日付・署名・宛名《あてな》

▼頭語・結語

頭語は手紙の書き出しのことばのことです。結びのことばである結語とセットにして用います。手紙を出す相手や場合によって、使うことばが変わります。

例	頭語	結語
一般的な場合	拝啓　拝呈　啓上 一筆申し上げます	敬具　敬白 拝具　かしこ
丁重な場合	謹啓　恭啓　謹呈 謹んで申し上げます	敬具　謹言　謹白 頓首《とんしゅ》
緊急の場合	急啓　急呈	早々　敬具
返信	拝復　復啓　謹復	敬白　拝具　拝答
略式	前略　冠省　略啓	早々　草々

※「かしこ」は女性のみが使用する結語です。

▼時候の挨拶

用件に入る前に、季節について触れる一言を添えましょう。

1月	新春の候　厳寒の候　大寒の候　酷寒の候 皆様お元気で新年をお迎えのことと存じます　など
2月	晩冬の候　余寒の候　残雪の候　梅香匂《にお》うころ 梅のつぼみもふくらみかけてまいりました　など
3月	早春の候　春分の候　陽春の候　山笑う季節 桃の節句も過ぎ、春めいてまいりました　など

4月	春暖の候　仲春の候　花冷えの候　暮春の候 春たけなわの季節となりました　など
5月	新緑の候　薫風の候　初夏の候　薄暑の候 風薫る季節となりました　など
6月	入梅の候　向暑の候　長雨の候　桜桃の候 紫陽花《あじさい》の花が鮮やかな季節となりました　など
7月	盛夏の候　仲夏の候　猛暑の候　大暑の候 梅雨明けの暑さひとしおでございます　など
8月	晩夏の候　納涼の候　残暑厳しき折 立秋とはいえ、まだまだ暑さが続きます　など
9月	初秋の候　白露の候　野分の候　爽涼の候 朝夕はようやくしのぎやすくなりました　など
10月	秋冷の候　錦秋《きんしゅう》の候　秋たけなわのころ 木の葉も鮮やかに色づいてまいりました　など
11月	深秋の候　初霜の候　寒気の候　菊花の候 秋が深まり露寒の季節となりました　など
12月	師走の候　寒冷の候　年の瀬を迎え 年も押し迫り、忙しいころとなりました　など

空き地の横に郵便局がありますので、そこで投函《とうかん》してください。おや、ポストの前でうろうろしている男性がいますね。切羽詰った表情で、いったいどうしたのでしょうか。

3 文章の構造
～「尾頭つき」が基本です

ポストの前にいる男性に声をかけてみました。
「どうかしましたか？」
男性は、顔を上げて言いました。
「出そうと思っている手紙があるんだけど、どうも文章に自信がなくて……。このまま出していいものか迷っているんだよ。説得力のある文章が書けているかなぁ。ああ、早く出さなくちゃ間に合わないし。どうしよう、焦る、焦る！」
早口で一気に話したかと思うと、不意にこちらを向いて、
「そうだ！　ちょっと、これを読んでみてよ。速く、速く！」
……あ、こんなせっかちな人、あそこで会いましたね。

自分の意見や気持ちを主張する文章は、ただやみくもに書き綴《つづ》ればよい、というものではありません。それを読んだ人が、書き手の意見を理解することができるような、説得力のある文章を書く必要があります。

意見文の構成方法には、次のようなものがあります。

頭括式《とうかつしき》・尾括式《びかつしき》・双括式《そうかつしき》

主張したいことを文章のどの位置にもってきたいかによって、適切な構成方法を選びます。

▼頭括式

主張したいことを初めに提示し、そのあとに、そう考える根拠や筋道を述べる方法です。初めに結論を述べることによって、読み手を惹《ひ》きつけることができます。

主張したいこと → 根拠や筋道

▼尾括式

説明や論証などから書き始め、最後に主張したいことを提示する方法です。順序立てて説明し、最終的な意見へ読み手を導いていきます。起承転結《きしょうてんけつ》の流れはこの一種です。

説明や論証 → 主張したいこと

▼双括式

主張したいことを初めに提示したあとに、そう考える根拠や筋道を述べ、再び主張を示す方法です。主張を読み手に深く印象づけることができます。

主張したいこと → 根拠や筋道 → 主張したいこと

どこに結論を置くにしても、**そのような考えにいたった根拠を明らかにする**ことが重要です。自分が実際に体験したことや、書籍や新聞、文献、インターネットで調べたことなどの客観的な証明をつけ加えると、より説得力のある文章になります。

ハナコさんへ

　ぼくはまだ、きみを忘れることができないでいます。きみと別れてから、もう半年の月日が経ってしまったというのに。
　転勤で遠い土地へ離れたことがきっかけとなって、きみにはいろいろとつらい思いをさせてしまいました。きみから別れを告げられたとき、これ以上苦しめたくないと思って、ぼくもサヨウナラと言ったのです。本当は別れるなんて、とてもいやでした。だってきみを本当に好きだったから。
　きみを失ってから、ぼくの人生は非常につまらないものになりました。
　今度、海外へ赴任することが決まりました。たぶん２年は日本へ帰って来れないと思います。その前に、もう一度きみに会って話がしたいのです。もし会ってくれるなら、15日の午後１時、思い出のあの場所へ来てください。
　きみのことを心から愛しています。

タロウより

　男性が書いた手紙は、別れた女性へのラブレターのようですね。主張したいことは、“もう一度彼女とやり直したい。今でも愛している。”ということ。文章において、初めと終わりに主張を述べていますので、双括型の構成ですね。

　情熱的な内容で、タロウさんの真剣な気持ちがよく伝わってきます。ですが、より説得力のある文にするためには、もう少し具体的な事例を挙げて書いたほうがよさそうです。タロウさんに話を聞いて、ハナコさんとやり直したいと思っている具体的な根拠を追加しました。そして「ら抜きことば」の部分も訂正し、次のように仕上げました。

(……略……)
　きみを失ってから、ぼくの人生は非常につまらないものになりました。何を食べてもおいしいと感じることはなく、どんなに美しい景色を見ても胸にひびかないのです。生活そのものにはりがなく、あのころより幾分かやつれてしまいました。ぼくにとってきみは、欠かすことのできない、必要な存在だと実感しています。
　今度、海外へ赴任することが決まりました。たぶん2年は日本へ帰って来られないと思います。その前に、もう一度きみに会って話がしたいのです。もし会ってくれるなら、出発日である15日の午後1時、思い出のあの場所へ来てください。
　きみのことを心から愛しています。

タロウより

　できあがった手紙を見て、タロウさんは「ありがとう！」と言ってくれました。今日中に手紙を投函しなければ出発日までにハナコさんに届かないのだそうです。ぎりぎりになって決心したため、タロウさんは焦ってせっかちになっていたのですね。ハナコさんに想《おも》いが届きますように！

　タロウさんが手紙を無事にポストに入れたとき、大きな声で怒鳴り合っている男女2人が近づいてきました。
「ちょっと、あなたたち！　私の話を聞いて！」
　血の気が多そうな女の人に肩をつかまれてしまいました。

4 ディスカッション〜昔はなかった。こんな授業

「この人、浮気しているの！」
「だから、それはきみの思い違いだって……。」
「いいえ！　思い違いなんかじゃないわ！　さっき会った人が恋人なのね！」
「違うって！　誤解だよ！　あの人は……。」
「言い訳なんて聞きたくない！　もう離婚よ！」
どうやら夫婦《ふうふ》喧嘩《げんか》に巻き込まれてしまったようです。特に奥さんは興奮状態で、取りつく島がありません。
「すみませんが、妻をなだめる手伝いをしてください。」
気弱そうな旦那《だんな》さんに頼まれてしまいました。

あるテーマについて異なった意見をもつ人たちが、自分の考えを発表する話し合いを**ディスカッション**といいます。

次のようなルールをおさえておくと、ディスカッションをスムーズに進行することができます。

・発表者のほかに、司会者・聴衆などの役割分担をする。
・司会者の指示に従って進めていく。
・相手が話しているときは黙って聞く。
・感情的にならず、冷静に意見を話し合う。

ディスカッションの一般的な流れは次のとおりです。

①それぞれが自分の意見を発表する。
　（意見の根拠となる資料なども提示する。）
②相手が出した意見に反論する。
③反論された内容に答える。（論拠もあわせて発表する。）
④聴衆を交えて話す。（客観的な意見を聞く。）
⑤司会者がまとめる。

意見の発表者は、②で相手に反論されることを見通して、それに対する答えを用意しておく必要があります。自分の意見の欠点、相手に突かれやすい部分などをあらかじめ確認し、それを補うための論拠を用意しておくといいでしょう。

では、タロウさんが司会を引き受けるということなので、聴衆としてディスカッションに参加することにしましょう。

（**司**＝タロウさん　**夫**＝旦那さん　**妻**＝奥さん）

司「それではディスカッションを始めます。今回のテーマは**“旦那さんが浮気をしているかどうか”**です。まずは、奥さんのほうから意見をどうぞ。」

妻「**夫は浮気をしていると思います**。なぜなら、このごろ、**家に帰ってくる時間が遅くなったから**です。」

司「旦那さんの意見をどうぞ。」

夫「わたしは**浮気なんてしていません**。」

司「では、それぞれの意見に反論がある方はどうぞ。」

妻「浮気じゃないなら、どうして帰りが遅くなったの？」

司「旦那さん、答えてください。」

夫「それはただ単に、**仕事が忙しくなったから**です。」

妻「じゃあ、**さっき会った人はだれ？**　お互いが慌てて目をそらしたでしょう？　浮気相手なんでしょ！」

司「奥さんは感情的にならないように。旦那さん、どうぞ。」

夫「あの人は……。」

妻「ほら、言えないんじゃない。やっぱり……。」

司「旦那さん、答えてください。」

夫「あの人は……、**アクセサリーショップの店員さんです。自分でデザインした指輪を作りたくて、いろいろと相談に乗ってもらっていた**人なんです。」

妻「指輪……？」

夫「もうすぐ５回目の結婚記念日だから、そのために。びっくりさせたくて内緒にしていたんだ。そのことを店員さんも知っていたから、ああいう態度になったんだと……。」

司「聴衆の方は、どう思われますか？　いまさら何も言うことはありませんね。」

（パチパチパチパチ）

司「では、まとめます。**旦那さんは浮気なんてしていません。**これからも、お二人はどうぞ仲良く！」

3章

漢字

1 漢字の成り立ち（六書《りくしょ》）～象形文字のほかは何？

いろいろありましたが、快適なドライブが続いています。頬《ほお》にあたる風が気持ちいいですね。このまままっすぐ進み、突き当たりを左へ曲がってください。そうすると「漢字ストリート」と書かれたアーチが見えてくるはずです。

アーチをくぐり抜けた先で、こちらに向かって手を振っている人がいますよ。先ほどの看板職人の少年が、だれかと一緒に手招きをしています。少し車を降りてみましょう。

少年と一緒にいたのは、彼の親方でした。少年から話を聞いて、挨拶《あいさつ》がしたかったそうです。手助けをしてもらったお礼に、親方は、車をデコレーションさせてほしいと言ってくれました。何でも好きなことばを書いてくれるそうです。でも、あまり派手なのは困りますよね。漢字を一文字だけ書いてもらいましょうか。

親方に「漢字カタログ」を見せてもらいました。それは、成り立ちごとに漢字を紹介した本でした。

漢字は、その成り立ちによって４種類に分かれます。

象形《しょうけい》文字・指事《しじ》文字・会意《かいい》文字・形声《けいせい》文字

▼象形文字

物の姿や形を象《かたど》っている文字のことです。

山 

日 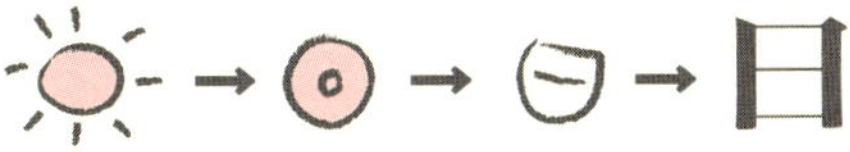

例 月・川・木・鳥・目

▼指事文字

絵では表しにくいものを、抽象的な記号やその組み合わせの約束によって示した文字のことです。

上 

中 

下 

例 一・二・天・本

▼会意文字

二つ以上の文字を組み合わせて、新しい意味を示した文字のことです。

例　林（木＋木）・炎（火＋火）・鳴（口＋鳥）

▼形声文字

意味を表す文字と音を表す文字を組み合わせて、新しく作られた文字のことです。部首（P102参照）が意味を表しています。

例　洗（意味　水、音　セン）・呼（意味　口、音　コ）

また、漢字の使い方を広げる方法には次の２種類があります。

▼転注《てんちゅう》

ある文字の本来の意味を、関連するほかの意味に転用して使う方法です。例えば、「労」という漢字には「はたらく」という意味がありますが、そこから発展して「疲れをいやす」という意味がつけ加えられ、「いたわる」という読みも生まれました。

例　道（人が歩く道）→人としての道筋・道徳の意味

▼仮借《かしゃ》

意味に関係なく、ある文字の音だけを借りてことばを表す方法です。いわゆる「当て字」と同じですね。

例　亜細亜《アジア》・印度《インド》・紐育《ニューヨーク》

漢字の成り立ち４種類と、使い方を広げる方法２種類についてまとめて説明したものを六書といいます。

漢字は中国から伝わってきた文字ですが、その後、日本でも独自に漢字が作られました。それらは「国字《こくじ》」と呼ばれていますが、ほかの漢字と特に使い分けられることはありません。ただ、訓読みだけで音読みのない漢字が多いことが特徴の一つとなっています。

例 働・峠・畑・搾・〆

六書について知っていれば、初めて見る漢字であっても、その形から読みや意味を想像することができます。なかには、かつての意味とは違った意味で用いられるようになった漢字もあるので、気をつけましょう。自分の名前に使われている漢字が、どのような成り立ちでできたものか確かめてみるのもおもしろいですよ。

親方に書いてもらう漢字は、もう決めましたか。なるほど、象形文字のあの漢字ですね。完成までには少し時間がかかるそうなので、その間、少年が修業の一つとして通っている「書道教室」に誘われました。教室は、すぐそこのお寺で行われているそうですよ。お供してみましょうか。

2 書写の基本～背筋も心もまっすぐと

書道教室の先生は、お寺の和尚《おしょう》さんがされているようです。せっかくなので参加をしてみましょう。

▼書写の姿勢

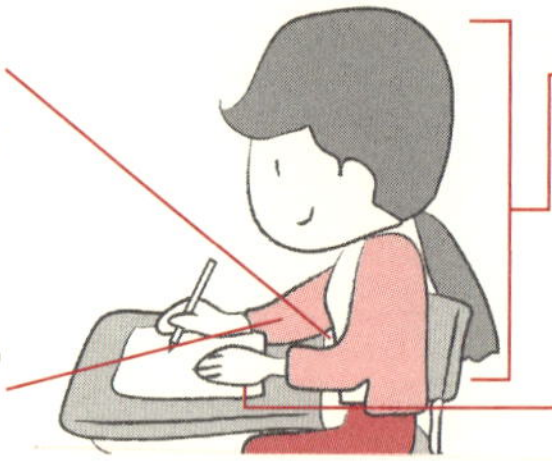

机とお腹、背中と椅子の間は、握りこぶし一つ分空ける。
背筋をまっすぐに伸ばし、頭はやや前に傾ける。
右肘の位置は、机の面と平行に保つ。
右手で筆を持ち、左手で紙の左下を押さえる。

▼筆の持ち方

筆は、紙と垂直近くになるように持ちます。持ち方には、親指・人さし指の２本で筆の軸を持つ**単鉤法《たんこう》**と、親指・人さし指・中指の３本で軸を持つ**双鉤法《そうこう》**などがあります。

単鉤法
双鉤法

細かい線を書きやすい。　　強い線を書きやすい。

紙に筆を入れる部分を**始筆《しひつ》**、書き終えて離す部分を**終筆《しゅうひつ》**といいます。字を書くときの筆遣いは、**送筆《そうひつ》**と言います。

▼**基本の点画**

［縦画］

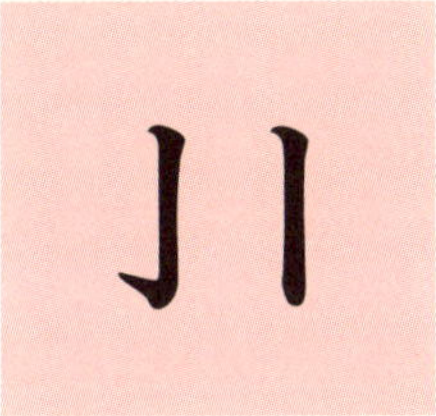

［横画］

［払い］

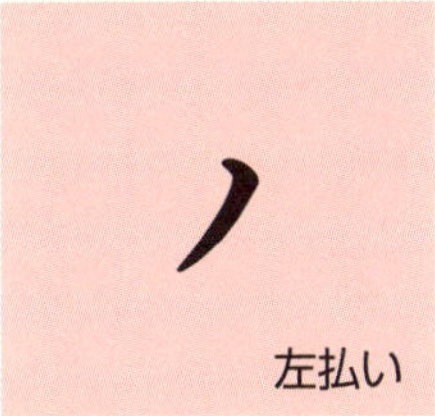

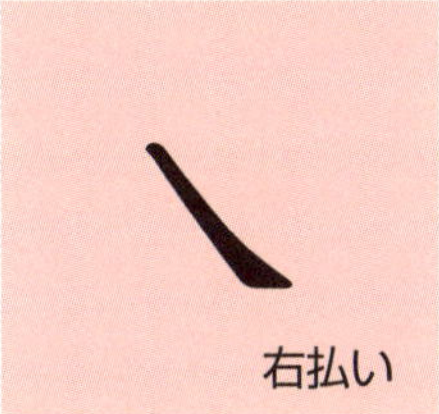

［折れ］

［そり］

［曲がり］

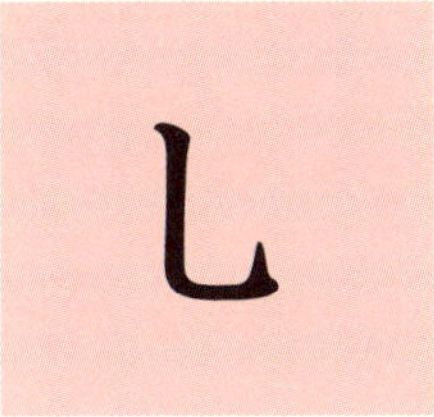

［点］

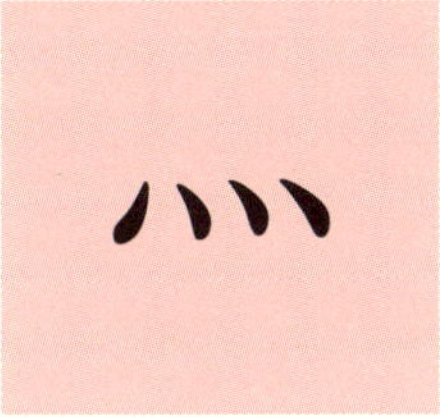

▼書写の書体

▽楷書《かいしょ》…字画を崩すことなく、きちんと書いた書体。

国　破　山　河　在

▽行書《ぎょうしょ》…楷書をやや崩したような書体。発生は楷書より先。

国　破　山　河　在

▽篆書《てんしょ》…隷書や楷書のもととなった書体。大篆・小篆がある。

国　破　山　河　在

▽隷書《れいしょ》…篆書を省略して簡便にした書体。

国　破　山　河　在

▽草書《そうしょ》…字画を最も崩した書体。

国　破　山　河　在

墨の匂《にお》いが立ち込める空気は、それだけで身も心も清々《すがすが》しいものになりますね。隣でお手本が書かれた帳面をぱらぱらとめくっていた少年が、こちらに向かって言いました。

「ねえ、これって何て書いてあるの？」

のぞきこんだ帳面には、「建立」という文字が……。

3 呉音《ごおん》・漢音《かんおん》・唐音《とうおん》
〜お寺の漢字が読めないわけは？

「これはね、“こんりゅう”って読むんだよ。」

さらりと教えてあげました。ついでに「建立」とは、お寺や塔などを建てることだと言うと、「何でも知っているんだね。」と尊敬の眼差《まなざ》しを向けてくれました。何だかちょっと気分がいいですね。

ところが、少年が次のように聞いてきたのです。

「でも、“建”って“けん”だよね。どうしてこれは“こん”って読むの？　同じ漢字なのに、どうして読みが違うの？」

「えーっと……、それは……。」

見かねた和尚さんが、代わりに答えてくれました。

漢字は中国から伝わってきたものです。使用されていた地域や、日本へ伝えられた時代の違いなどによって、音が何種類かに分けられます。

▼呉音

中国南方の読み方が伝来したものです。仏教用語や官職名などに多く用いられています。漢音を正音《せいおん》と呼ぶのに対して和音《わおん》と呼ばれていましたが、平安中期以後、呉音と呼ばれるようになりました。

例　建《こん》立　明《みょう》星　お経《きょう》　成《じょう》就　行《ぎょう》事

▼漢音

中国北方の隋《ずい》、唐《とう》の都であった長安《ちょうあん》や黄河《こうが》中流地方などの発音にもとづいた読み方です。遣隋使・遣唐使や留学生などによって日本へ伝えられました。それまでの呉音よりも正式な読み方とされたので、平安時代には**正音**と呼ばれました。

現在の漢字の読みは、この漢音に沿ったものが一般的になっています。

例　建《けん》設　明《めい》暗　経《けい》験　成《せい》人　行《こう》動

▼唐音

中国の明《みん》や清《しん》で用いられていた読み方です。平安時代から江戸時代までに日本へ伝来されました。中国の商人や禅宗《ぜんしゅう》の僧、長崎の通訳者などによって伝えられた音で、それ以前より伝来していた**宋音**《そうおん》も含まれます。

ほかの音に比べて、特殊な読み方をするものが多くあります。

例　明《みん》朝　行脚《あんぎゃ》

そのようなわけで、一つの漢字でも別の読み方が存在するのですね。ちなみに「和尚さん」の「和《お》」は唐音ですよ。複数の読みをもつ漢字のなぞが解けたところで、親方が待つ空き地へともどりましょう。そろそろ車のデコレーションが完成しているでしょうか。

4 熟語の音訓
～「重箱読み」って何だっけ？

　さすが親方、仕事が速いです。デコレーションはすでに完成していましたよ。今回、運転席側のドアに描いてもらったのは、篆書《てんしょ》の「楽」です。やはり、何をするにしても「楽しいのが一番！」ですよね。

「楽」という漢字は、くぬぎなどで作られた楽器の絵がもとになってできた象形文字です。また、「音楽を聴くと楽しい、ラクになる」といった意味が転じて、もともとの「ガク」以外に「たのしい」「ラク」の音が加わった、転注文字でもあります。

「あ～、大変！」
　隣に止まっていたワゴン車から声が聞こえました。車の側面には「ラクラク配送」と書かれています。声の主である女性に話を聞くと、今から３か所へ荷物を配達しなくてはいけないのに、どれをどこへ持っていくのかがわからなくなってしまったそうなのです。
「ラク」つながりの仲間として、お手伝いをしてあげましょう。メモを参考にして配達先を特定します。

・ラジオ局へ“通常の読みのもの”を届ける。
・テレビ局へ“重箱読みのもの”を届ける。
・新聞社へ“湯桶読みのもの”を届ける。

配達する荷物は「額縁」「野菜」「花束」「雨具」の四つです。

「運転」「自動車」など、二つ以上の漢字を組み合わせて作ったものを**熟語《じゅくご》**といいます。

漢字には音読みと訓読みの二通りの読み方があることは、すでにおさえましたね。熟語を読むときは、原則として**すべて音読み**にするか、**すべて訓読み**にします。

例　晴天《セイテン》（音読み＋音読み）　出発《シュッパツ》（音読み＋音読み）
　　着物《きもの》（訓読み＋訓読み）　星空《ほしぞら》（訓読み＋訓読み）

ところが、これ以外の読み方をする場合があります。「**重箱読み**」「**湯桶読み**」と呼ばれるものです。

▼重箱読み

「重箱《ジュウばこ》」のように、熟語の前の漢字を音読み、後の漢字を訓読みにする読み方です。

例　仕草《シぐさ》（音読み＋訓読み）　台所《ダイどころ》（音読み＋訓読み）
　　本箱《ホンばこ》（音読み＋訓読み）　王手《オウて》（音読み＋訓読み）

▼湯桶読み

「湯桶《ゆトウ》」のように、熟語の前の漢字を訓読み、後の漢字を音読みにする読み方です。

例 荷物《にモツ》（訓読み＋音読み）　手本《てホン》（訓読み＋音読み）
合図《あいズ》（訓読み＋音読み）　株券《かぶケン》（訓読み＋音読み）

※「湯桶」湯茶を入れる器。

熟語の読み ＊＊＊＊＊＊＊＊＊＊＊＊＊＊＊＊＊＊＊＊＊＊

原則　→　音読み＋音読み（または）訓読み＋訓読み

重箱読み　→　音読み＋訓読み

湯桶読み　→　訓読み＋音読み

＊＊＊＊＊＊＊＊＊＊＊＊＊＊＊＊＊＊＊＊＊＊＊＊＊＊＊

荷物をどこに運べばいいかわかりましたか。熟語に使われている漢字が、どのような読みの組み合わせになっているかを考えると、すぐにわかりますね。

ラジオ局は“通常の読みのもの”となっていますから、「音読み＋音読み」の「野菜《ヤサイ》」と、「訓読み＋訓読み」の「花束《はなたば》」を届けます。そして、テレビ局には重箱読みの「額縁《ガクぶち》」、新聞社には湯桶読みの「雨具《あまグ》」を届ける、ということになりますね。

安心した表情の配達人さんのもとへ、向こうから一人の男性が近づいてきましたよ。

5 部首《ぶしゅ》
〜「部首」は漢字の「部署」

「すみません、晴天新聞社の者ですが……。たぶん、うちへ荷物を運んで……、ああ、それです。その雨具です。」

取材に行く途中に配達車を見かけたので、取りに来たそうです。配達人さんは、急いで受領証を用意しました。

「では、これに受け取りのサインをお願いします。」

「はい、どうも。あれ？　ちょっと字が違いますよ。」

> ラクラク配送
>
> お品を確かに受領いたしました。
>
> ○月○日　晴天新間社

「“間”じゃなくて“聞”ですよ。」

「すみません、部首が同じだから間違えちゃって……。」

さてさて、「聞」「間」。二つは同じ部首なのでしょうか。

漢字の分類の目安となる、各部の共通部分を**部首**といいます。部首は、その漢字がどのような事柄に関したものであるかを示しています。漢字の構成部位は、位置によって次のように呼ばれます。

偏《へん》　旁《つくり》　冠《かんむり》　脚《あし》

垂《たれ》　繞《にょう》　構《かまえ》

▼偏　――　字の左につく

さんずい（氵）…水に関する漢字。泳、海、泣など。

ごんべん（言）…ことばなどに関する漢字。説、記など。

りっしんべん（忄）…心情に関する漢字。悔、情など。

にくづき（月）…肉体に関する漢字。腕、腹、胸など。

ころもへん（衤）…被服に関する漢字。襟、裸など。

けものへん（犭）…動物に関する漢字。猫、猿など。

にんべん（亻）	ぎょうにんべん（彳）	こざとへん（阝）
てへん（扌）	にすい（冫）	くちへん（口）
おんなへん（女）	やまへん（山）	ひへん（日）
きへん（木）	がつへん（歹）	しめすへん（礻）
のぎへん（禾）	いとへん（糸）	など

▼旁　――　字の右につく

りっとう（刂）…刀、切る意味を表す漢字。刻、刈など。

おおがい（頁）…おもに顔に関する漢字。額、頭など。

おおざと（阝）…集落などに関する漢字。郷、邦など。

ちから（力）	また（又）	さんづくり（彡）
とます（斗）	あくび（欠）	るまた（殳）
ふるとり（隹）	おのづくり（斤）	すん（寸）
ほこづくり（戈）	ふしづくり（卩）	など

▼冠 —— 字の上につく

くさかんむり（艹）…植物に関する漢字。草、葉など。

あめかんむり（⻗）…天気に関する漢字。雪、雷など。

うかんむり（宀）…住宅に関する漢字。家、宿など。

たけかんむり（⺮）…竹や竹製品に関する漢字。箱など。

ひとやね（人）…人に関する漢字。傘、倉など。

なべぶた（亠）	わかんむり（冖）	おいかんむり（耂）
とらかんむり（虍）	はつがしら（癶）	あみがしら（罒）
はちがしら（八）	あなかんむり（穴）	など

▼脚 —— 字の下につく

したごころ（⺗）…心に関する漢字。恭など。

れんが（灬）…火に関する漢字。熱、焦など。

ひとあし（儿）	したみず（氺）	さら（皿）
かいあし（貝）		など

▼垂 —— 字の上部から左方へ覆う

がんだれ（厂）…崖に関する漢字。厚、厄など。

やまいだれ（疒）…病気に関する漢字。痛、症など。

まだれ（广）…家に関する漢字。庭、庫など。

しかばね（尸）	とだれ（戸）

▼**繞** ―― 字の左方から下部をとりまく

しんにょう（辶・辶）…歩くことや道に関する漢字。近など。

（しんにゅうともいう。）

そうにょう（走）…走ることに関する漢字。越など。

ばくにょう（麦） えんにょう（廴） きにょう（鬼） など

▼**構** ―― 字の外側を囲む

くにがまえ（口）…周りを囲むという意味を表す。図など。

ぎょうがまえ（行）…道に関する漢字。街、衛など。

はこがまえ（匚） しきがまえ（弋） きがまえ（气）

けいがまえ（冂） もんがまえ（門）

「もんがまえ」は、「閉」「開」「問」など**門に関する漢字**に使われています。「間」と「聞」は、見た目はよく似ています。どちらも部首は「もんがまえ」と言いたいところですが、実は「聞」は違います。「間」は、門が閉じても月光がもれる様子から、隙間《すきま》という意味で作られた**会意文字**ですが、「聞」のほうは、音を表す「門」と意味を表す「耳」の組み合わせでできた**形声文字**です。「耳」の部分に意味があって、「門」は音を「モン」とするために使われているだけなのです。「聞」の部首は「みみ（みみへん）」です。同様に、「問」の部首も「くち」になります。

6 筆順《ひつじゅん》・画数《かくすう》 ～ちょっと待て！「右」と「左」で大違い

引き続き「漢字ストリート」を走っていると、前方に横断歩道が見えてきました。道路の右側には人が立っています。ゆっくりとスピードを落とし、手前で止まりましょう。信号のない道路では、歩行者優先ですからね。

歩行者は、こちらに向かって一礼し、右、左……と確認しています。そうそう、確認して渡らないと危険ですよね。

ところが、右、左、右、左、右……と確認は一向に終わりません。時折、上を見ることもあります。窓を開けて、

「どうしたのですか」と声をかけてみたところ、

「ここにある看板の意味がわからなくて渡れないのです。」

と言いました。看板には、次のように書かれています。

> 順序を守りましょう。
> 『左は左から、右は上から』

これはどういう意味なのでしょう。ここ「漢字ストリート」で、“順序”といえば……。

漢字は、画や点を書く順序が決まっており、それを**筆順**（書き順）といいます。筆順を守ることによって、形の美しい字を書くことができます。漢字は、原則として「**上から下**」「**左から右**」の方向に書いていきます。

三　一 二 三

川　丿 川 川

さらに、次のような原則があります。

▽**横が先**　縦画と横画が交差する場合、横を先に書く。

土　一 十 土

▽**中央が先**　左右対称になっている字の場合、中央を先に書く。

小　亅 小 小

▽**「構」が先で、閉じるのはあと**　下部を閉じる前に中身を書く。

国　丨 冂 冂 冂 冃 囯 国 国

▽**左払いが先**　左右にはらう場合、左払いを先に書く。

文　丶 亠 ナ 文

▽**貫きは最後**　字全体を貫く画は最後に書く。

中　丨 冂 口 中

▼例外の筆順

上記の原則を外れた、特別な筆順で書く漢字もあります。

▽**縦が先**

田　丨 冂 冂 田 田

▽**中央があと**

火　丶 丷 少 火

▽「構」の一部があと

区　一 フ ヌ 区

▽貫きが先

世　一 十 廿 廿 世

「あー、こんなところにあった！」

看板職人の親方が、車に乗って現れました。書道教室に飾る看板を、運んでいる最中に一つ落としてしまったそうです。やはり、筆順について書いたもののようです。

「右」と「左」はよく似た漢字ですが、筆順は違います。

右　ノ ナ 𠂇 右 右

左　一 ナ 𠂇 左 左

これは、それぞれの漢字の成り立ちの違いによって字形に差があるからです。「左」の「ナ」は手の形を表しており、「工」は工具を表しています。つまり、「左」は会意文字です。一方、「右」の「ナ」は、「ユウ（イウ）」という音を表すためのもので、それに祈りのことばという意味をもつ「口」を足した形声文字なのです。

成り立ちが違うということは、「間」と「聞」のように部首も違います。「左」は「工」で、「右」は「口」が部首です。

▼筆順・画数を間違えやすい漢字・部首

・成

・式

・必

・阝

・辶

・⻌

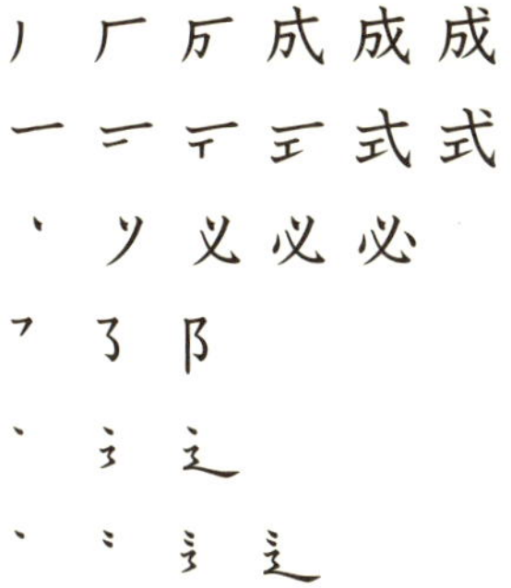

▼漢和辞典の引き方

これらのような、漢字についての筆順や成り立ちなどを調べるときは「漢和辞典」を利用します。音訓や部首など、知りたい情報を探すことができます。読みで調べる以外には、**画数**や部首を手掛かりにすることもできます。

▽総画索引で調べる

全体の画数から、漢字が載っているページを見つけます。

例　・緑　総画数（14画）　・建　総画数（９画）

▽部首索引で調べる

部首の画数から、同じ部首の漢字が載っているページを探します。その後、部首をのぞいた画数を数え、知りたい漢字を見つけます。

例　・語　部首（ごんべん／７画）　ほかの画数（７画）

・店　部首（まだれ／３画）　ほかの画数（５画）

7 送り仮名
～ほめられた？　けなされた？

歩行者が渡るのを見届けたら、その先の駐車場へ入ってください。近くにある観光スポットに行ってみましょう。

車から降りると大声で言い合う男女の声が聞こえてきました。まさか……と思いながら声のするほうを見てみると、やはりあのご夫婦です。今度はどうしたというのでしょう。

「タロウさんをマネして、妻にラブレターを書いて渡したら、この部分を読んで怒り出してしまって……。」

ケンカはもうこりごりだね。 きみの細い心遣いに、ぼくは感謝しているよ。

「“細《ほそ》い心遣い”だなんて、私が心遣いのたりない、気が利かない女ってことね。感謝しているなんて、嫌味だわ！」

奥さんが怒るのもごもっともですが、何かおかしいです。

「楽しい」の「しい」のように、漢字の読みを補うために添えられた平仮名を「**送り仮名**」といいますね。訓読みに欠かせないものですが、中には間違えやすいものがあります。正しく書かないと、ことばの意味を変えてしまうこともありますよ。

「細」という漢字は、送り仮名が「い」の場合「細《ほそ》い」と読みますが、「かい」がつくと「細《こま》かい」ということばになります。

同じ漢字を使ったことばでも、意味合いが変わってきます。

▼送り仮名によって読みが変わる漢字

・幸《さいわ》い／幸《しあわ》せ	・好《この》む／好《す》き	・交《まじ》わる／交《ま》じる
・覚《おぼ》える／覚《さ》ます	・割《わ》る／割《さ》く	・過《す》ぎる／過《あやま》ち
・頼《たの》む／頼《たよ》る	・捕《と》る／捕《つか》まえる	・覆《おお》う／覆《くつがえ》す
・凍《こお》る／凍《こご》える	・逃《に》げる／逃《のが》す	・跳《は》ねる／跳《と》ぶ
・遅《おそ》い／遅《おく》れる	・弾《ひ》く／弾《はず》む	・怠《おこた》る／怠《なま》ける
・潜《ひそ》む／潜《もぐ》る	・占《し》める／占《うらな》う	・請《う》ける／請《こ》う
・触《ふ》れる／触《さわ》る	・焦《こ》げる／焦《あせ》る	・荒《あら》い／荒《あ》れる
・狭《せま》い／狭《せば》める	・脅《おど》す／脅《おびや》かす	など

また、送り仮名の表記を間違えやすい漢字もあるので、注意しましょう。

▼送り仮名の表記を間違えやすい漢字

・〇冷《つめ》たい	×冷い	・〇危《あぶ》ない	×危い
・〇賜《たまわ》る	×賜わる	・〇催《もよお》す	×催おす
・〇唆《そそのか》す	×唆かす	・〇慌《あわ》ただしい	×慌しい
・〇携《たずさ》える	×携さえる	・〇恭《うやうや》しい	×恭やしい
・〇偽《いつわ》る	×偽わる	・〇陥《おちい》る	×陥いる
・〇滑《なめ》らか	×滑か	・〇損《そこ》なう	×損う など

旦那さんが言いたかったのは「細《こま》かい心遣い」のことだったようです。本当に、ケンカはもうこりごりですね。

コラム

★ 学校文法

この本で学んでいる文法は義務教育で習った文法で、学校文法と言われることもあるものです。

学校文法は、橋本進吉という文法学者が考えた橋本文法をもとにしていますが、漢字のように文部科学省がしっかり決めているものではありません。

「言葉のきまり」である文法は、先にある言葉にきまりをあとからつけたものですから、いろいろな考え方があります。

学校文法の問題点を指摘する学者も大勢いるので、将来的には見直しが行われるかもしれません。学校文法が唯一絶対の正解ではない、ということも頭の片隅に入れておいてください。

4章

熟語

1 熟語の組み立て ～前の字と後の字の隠されたカンケイ

ご夫婦を見送って少し歩くと着きました。ここが「熟語広場」です。ここには、漢字の中でも特に熟語に興味のある人たちが集う場所だそうです。

入口を少し行くとアイスクリーム屋さんがあります。コーンの上にアイスを二重にも乗せた「ダブルアイス」がイチオシのお店です。

バニラとストロベリーの組み合わせを頼もうとしたのですが、この店には普通の味は置いていないそうなのです。ショーケースをのぞくと、次のような味がありました。

・「出発」の味・「寒暖」の味・「日照」の味・「握手」の味
・「親友」の味・「未定」の味・「劇的」な味・「入試」の味

二字熟語は、二つの漢字が組み合わさってできたものです。その構成は、前の字と後の字の関係によって、いくつかの型に分かれます。

▼似た意味をもった字を重ねた熟語

似たような意味をもった漢字を、二つ重ねてできた熟語です。

例　減少　道路　素朴　珠玉　緊迫

▼反対の意味をもった字を重ねた熟語

反対の意味をもつ漢字を、二つ重ねてできた熟語です。

例　点滅　雲泥　起伏　愛憎　出没

▼主語・述語の関係になっている熟語

前の漢字が主語、後の漢字が述語になっている熟語です。漢字を使って文にしてみるとわかりやすいですよ。

例　雷鳴　→　雷が鳴る
日没　→　日が没する
市立　→　市が立てる（立てた）
地震　→　地が震える
民営　→　民（間）が営む

▼後の漢字が前の漢字の対象になっている熟語

前の漢字が動作を表し、後の漢字が、その対象になっている熟語です。こちらも文にして考えてみましょう。

例　挑戦　→　戦いを挑む
懐古　→　古きを懐かしむ
入学　→　学（校）に入る
遮光　→　光を遮る
読書　→　書を読む

▼修飾・被修飾の関係になっている熟語

前の漢字が、後の漢字を修飾している熟語です。

例　校旗　→　(学) 校の旗
　　惜敗　→　惜しくも負ける
　　急増　→　急に増える
　　冷風　→　冷たい風

▼接頭語がついた熟語

前の漢字が接頭語の熟語です。「不」「無」「否」などの否定の接頭語がついて、後の漢字を打ち消しているものが多いです。

例　不満 (満足でない)
　　無視 (みない)
　　否決 (決定しない)

▼接尾語がついた熟語

「的」「性」「然」「化」などの接尾語が、後についている熟語です。

例　静的　→　動きがなくて静かなさま
　　陰性　→　反応が起こらないこと
　　整然　→　正しく整っているさま
　　強化　→　さらに強くすること

▼省略した熟語

長い熟語を省略して二字にした熟語です。

例　特急　→　特別急行列車

　　国連　→　国際連合

ほかに、同じ漢字を重ねて作った熟語もあります。

例　人々　→　人＋人

　　日々　→　日＋日

ダブルアイスの味になっている熟語の構成は、こうなります。

「出発」…**同じような意味をもつ漢字を重ねた熟語。**

「寒暖」…**反対の意味をもつ漢字を重ねた熟語。**

「日照」…**「日が照る」、主語・述語の関係。**

「握手」…**「手を握る」、後の漢字が前の漢字の対象。**

「親友」…**「親しい友」、修飾・被修飾の関係。**

「未定」…**「まだ定まらない」、接頭語がつく熟語。**

「劇的」…**「ドラマティック」、接尾語がつく熟語。**

「入試」…**「入学試験」、長い熟語を省略したもの。**

とりあえず「日照」味を注文してみました。うん、何だか温かい気持ちになって結構おいしいです。食欲に勢いがついたところで、隣のお団子屋さんものぞいてみましょう。

2 三字・四字熟語の組み立て ～「運動不足」と「晴耕雨読」の違いは？

お団子屋さんには、団子が３個の串団子が売られていました。アイス同様、ちょっと変わった味のようですよ。

・「駄菓子」の味　・「要注意」の味　・「無意識」の味
・「運命的」な味　・「雪月花」の味

三つの漢字が組み合わさってできた熟語を三字熟語といいます。三字熟語にも、次のような型があります。

▼前の漢字が後の漢字を修飾している熟語

前の一字または二字の漢字が、後の漢字を修飾した熟語です。

例　新展開　→　新しい展開
　　卒業式　→　卒業の式

▼後の漢字が前の漢字の対象になっている熟語

後の二字の漢字が、前の漢字の対象になっている熟語です。

例　没個性　→　個性が没している
　　祝開店　→　開店を祝う

▼接頭語がついた熟語

接頭語＋二字熟語の形になっている熟語です。

例　非常識　→　常識にあらず

▼接尾語がついた熟語

二字熟語＋接尾語の形になっている熟語です。

例 紳士然 → 紳士のような態度

▼三字が対等の関係になっている熟語

三つの漢字が対等の関係で組み合わさっている熟語です。

例 真善美 松竹梅 上中下

お団子は

「駄菓子」…修飾・被修飾の関係。「駄（粗末な）の菓子」。

「要注意」…下の二字が目的語。「注意を要する」。

「無意識」…接頭語がついたもの。「意識がない」。

「運命的」…接尾語。「運命として定まっているような」。

「雪月花」…三字それぞれが対等の関係。「四季のよい風景、光景」。

「運命的」な味のお団子を笑顔で頬張っていると、お団子屋さんが声をかけてきました。「おいしそうに食べてくれるから、こっちもサービスするよ。好きなものを選んで。」 今度はお団子が四つも刺さっています。

- 「運動不足」な味
- 「一網打尽」な味
- 「自由自在」な味
- 「半信半疑」な味

四つの漢字が組み合わさってできたものは四字熟語です。四字熟語の構成は、まず、二つの二字熟語がどのような形で重なっているかを考えます。

▼主語・述語の関係になっている熟語

前の二字熟語が主語、後の二字熟語が述語になっている熟語です。

例　運動不足　→　運動が不足していること

▼修飾・被修飾の関係になっている熟語

前の二字熟語が後の二字熟語を修飾している熟語です。

例　一網打尽　→　一網で打尽

▼似た意味をもった二字熟語が重なっている熟語

似ている意味をもった二字熟語が重なってできた熟語です。

例　自由＋自在　　栄枯＋盛衰

▼反対の意味をもった二字熟語が重なっている熟語

反対の意味をもった二字熟語が重なってできた熟語です。

例　半信＋半疑　　晴耕＋雨読

ほかに、「春夏秋冬」のように、四つの漢字が対等な関係で重なっている四字熟語もあります。

3 類義語《るいぎご》
～似たもの同士で釣り上げよう！

アイス、お団子……とすっかりお腹がいっぱいになりました。ぶらぶら歩いていると、釣り堀を発見！　ちょっとのぞいてみましょうか。

釣り堀の入口に注意書きがあります。

この釣り堀で釣ることができるのは、魚ではなく熟語です。 そして、それを釣るための餌もまた熟語です。

熟語で熟語を釣るところなのですね。水の中をのぞくと、「突然」という熟語が書かれた魚が泳いでいます。

餌箱には「使命」「不意」「向上」「感心」「遺憾」が入っていました。とりあえず「感心」を取り出して竿《さお》につけ、垂らしてみましょう。

……まったく釣れません。「向上」をエサにしてみます。

うーん……。10分が経過したころ、クーラーボックスを肩にかけた男性が、通り際にアドバイスをくれました。

「釣りたいものと同じ匂《にお》いのエサを使えばいいんだよ。」

同じ匂いのエサとは……？

「短所」と「欠点」、「便利」と「重宝」のように、意味がよく似ていることばを**類義語**といいます。

熟語の類義語には、次のようなものがあります。

▼同じ漢字が使われているもの

創作——創造	平穏——安穏《あんのん》
生気——活気	不満——不平
帰郷——帰省	疑問——疑念
正確——的確	承認——承諾
宿命——運命	一生——生涯
対応——対処	方法——仕方
風物——風景	委細——詳細

▼熟語として、類義のもの

没頭——専念	賛成——同意
冷静——沈着	陽気——快活
無事——息災	辛抱——我慢
事態——形勢	異郷——外国
親切——好意	承知——納得
得手——特技	試験——考査
音信——消息	長所——美点
出版——刊行	知己《ちき》——親友

お互いの意味がよく似ている類義語は、関係の深いことば同士でもあります。ですが、それらのもっている**意味が完全に同じであるとは限りません。**

例えば、「思慮」と「分別《ふんべつ》」は類義語ですが、「思慮」の意味は「あれこれ慎重に考えること」です。そして「分別」には、「物事の道理を判断し、わきまえること」という意味があります。周囲に気を配る人を「思慮深い人だ」と表現しますが、「分別深い人だ」とは言いません。類義語をそっくりそのまま入れ替えてはいけない場合もありますので、その場に応じて適切に使い分けるようにしましょう。

また、熟語以外にも「眠る」と「まどろむ」などの類義語もあります。さまざまなことばの類義語をおさえておくことは自分の語彙《ごい》を増やすことにつながります。そうすると、より深い表現力を身につけることができますよ。

▼熟語以外の類義語

けげん――いぶかしい
とりわけ――ことに
いまいましい――腹立たしい
あまつさえ――そのうえに
あらかじめ――前もって
いたずらに――むだに
生憎《あいにく》――運悪く

水の中にあった「突然」を釣るには、同じ匂いのエサ、つまり類義語をエサ箱から探せばいいのです。

「突然」＝急に物事が行われるさま。

「使命」「不意」「向上」「感心」「遺憾」のうち、よく似た意味のものは「不意」ですね。これをエサにすると、簡単に「突然」を釣ることができますよ。

次に、水の中に現れた「残念」を釣るには……。

「残念」＝満足できなくて心残り。悔しく思うさま。

類義語の「遺憾」を使いましょう。

ちなみにほかのエサで釣ることができるものは

使命――任務　向上――進歩　感心――敬服

以上のようになります。

コツもわかって釣りも充分楽しみましたから、ほかへ移動しましょう。キャッチ＆リリースの釣り堀ですから、釣った熟語はもどしてくださいね。

散歩を再開し、広場の隅にある体育館のところまで来ました。何かイベントが行われているのでしょうか、たくさんの人が集まっています。近くへ行くと、竹刀《しない》と竹刀がぶつかる音が聞こえました。どうやら剣道の大会が開かれているようです。

4 対義語《たいぎご》
～ぴったりな対戦相手は？

突然、「お願いします！」とだれかに声をかけられました。振り返ると、そこには袴《はかま》姿の少年が５人立っています。

「これから試合なのですが、コーチがまだ来ていません。試合に出る順番を連絡しなければいけないのに、コーチがいないからわからないんです。このままじゃ不戦敗になってしまいます。お願いです、一緒に考えてください！」

剣道にくわしくはないものの、少年剣士たちの頼みを断ることができません。彼らの名前は「順風くん」「生産くん」「革新くん」「未来くん」「単純くん」。指定されている注意事項に沿って、出場の順番を一緒に考えてみましょう。

①出場順（先鋒《せんぽう》→次鋒《じほう》→中堅《ちゅうけん》→副将《ふくしょう》→大将《たいしょう》）を決める。
②それぞれ、意味が逆の関係にある相手と戦う。

相手チームの出場順は、次のように連絡されています。

先鋒：保守くん　次鋒：消費くん　中堅：複雑くん
副将：過去くん　大将：逆風くん

「逆の関係」というところが、大きなヒントになりそうです。

「短所」にとっての「長所」、「便利」にとっての「不便」のように、反対の意味をもったことばを**対義語**といいます。

対義語の熟語には、次のようなものがあります。

▼同じ漢字が使われているもの

当番	⇔	非番	乗車	⇔	下車
直接	⇔	間接	絶望	⇔	希望
絶対	⇔	相対	偶然	⇔	必然
楽観	⇔	悲観	満潮	⇔	干潮
上手	⇔	下手	悪意	⇔	善意
肯定	⇔	否定	主観	⇔	客観
慢性	⇔	急性	私的	⇔	公的
帰路	⇔	往路	好評	⇔	不評

▼熟語として、対義のもの

原因	⇔	結果	形式	⇔	実質
理想	⇔	現実	拡大	⇔	縮小
故意	⇔	過失	質疑	⇔	応答
温暖	⇔	寒冷	需要	⇔	供給
守備	⇔	攻撃	増加	⇔	減少
理性	⇔	感情	親切	⇔	冷淡
模倣	⇔	創造	分析	⇔	総合

熟語の対義語は、使われている漢字自体が反対の意味をもっていることが多くあります。

例　勝利　⇔　敗北　　軽視　⇔　重視
　　北上　⇔　南下　（両方が対義語の場合もある）

「非」「不」「未」「無」などの接頭語がついて、対義語となるものもあります。

例　平凡　⇔　非凡　　満足　⇔　不満
　　既知　⇔　未知　　有効　⇔　無効

そして類義語と同様に、対義語も熟語だけに限りません。

例　覚える　⇔　忘れる　　善い　⇔　悪い
　　忙しい　⇔　暇

また、対義語を複数もっていることばも存在します。

例　冷たい　⇔　（温度が）熱い
　　　　　　　　（態度が）温かい
　　高い　　⇔　（背丈が）低い
　　　　　　　　（値段が）安い
　　遅い　　⇔　（時間が）早い
　　　　　　　　（速度が）速い

今度は対義語同士の関係をみてみます。

「快調」の対義語は「不調」です。この場合は、

「快調ではない」＝「不調」とイコールで結べますね。

ところが、「新しい」の対義語「古い」は、

「新しくない」＝「古い」とは言い切れません。

つまり、対義語同士の関係には２種類のものがあるのです。

「○○」⇔「××」の場合、

・「○○ではない」＝「××」となる。

・「○○ではない」＝「××」とは限らない。

対義語を使い分ける際には、これらのことを踏まえて適切なものを選ぶようにしましょう。

少年剣士たちの出場順は、相手チームの対義語となるものを選びます。すると、次のようになりました。

	少年剣士チーム		相手チーム
先鋒	革新くん	⟷	保守くん
次鋒	生産くん	⟷	消費くん
中堅	単純くん	⟷	複雑くん
副将	未来くん	⟷	過去くん
大将	順風くん	⟷	逆風くん

何とか制限時間以内に、報告が間に合いました。ああ、コーチもやっと現れたようです。

5 熟字訓《じゅくじくん》 〜「ドサン」って何？

少年剣士たちの勝利を見届け、車へもどることにしました。すると、さっきはなかった小さな屋台が駐車場の入口にたっています。そして、サンバイザーをかぶった女性が、こう叫んでいます。

「ドサンはいかがですかー？」

ドサン？　気になって屋台に近づいてみると、“熟語心太《ところてん》”や“類義語クッキー”などと書かれた箱が並んでいます。キーホルダーもありますよ。

「熟語広場を訪れた記念にドサンをお一つ、いかがですか？」と女性の声。

ドサンの正体、わかりますか？

漢字には、それぞれ決まった読みがあります。「熟」は「ジュク」、「語」は「ゴ」、だから「熟語」は「ジュクゴ」のように。ところが、漢字それぞれの読み方には関係なく、**熟語全体で決まった読みをするもの**があります。それを**熟字訓**といいます。

熟字訓は、日本語特有の読み方です。剣道で使う「竹刀《しない》」も熟字訓で読んだものですよ。

▼覚えておきたい熟字訓

明＋日＝明日（あす・あした）	小＋豆＝小豆（あずき）
硫＋黄＝硫黄（いおう）	田＋舎＝田舎（いなか）
乙＋女＝乙女（おとめ）	神＋楽＝神楽（かぐら）
河＋岸＝河岸（かし）	風＋邪＝風邪（かぜ）
為＋替＝為替（かわせ）	果＋物＝果物（くだもの）
玄＋人＝玄人（くろうと）	雑＋魚＝雑魚（ざこ）
桟＋敷＝桟敷（さじき）	早＋苗＝早苗（さなえ）
時＋雨＝時雨（しぐれ）	芝＋生＝芝生（しばふ）
素＋人＝素人（しろうと）	相＋撲＝相撲（すもう）
山＋車＝山車（だし）	太＋刀＝太刀（たち）
七＋夕＝七夕（たなばた）	足＋袋＝足袋（たび）
梅＋雨＝梅雨（つゆ）	名＋残＝名残（なごり）
雪＋崩＝雪崩（なだれ）	祝＋詞＝祝詞（のりと）
日＋和＝日和（ひより）	吹＋雪＝吹雪（ふぶき）
眼＋鏡＝眼鏡（めがね）	紅＋葉＝紅葉（もみじ）
大＋和＝大和（やまと）	浴＋衣＝浴衣（ゆかた）
行＋方＝行方（ゆくえ）	若＋人＝若人（わこうど）

熟字訓は二字熟語だけではありません。三字熟語にも、特別な読みをするものがあります。

▼三字熟語の熟字訓

意＋気＋地＝意気地（いくじ）
御＋神＋酒＝御神酒（おみき）
早＋乙＋女＝早乙女（さおとめ）
五＋月＋雨＝五月雨（さみだれ）
三＋味＋線＝三味線（しゃみせん）
数＋寄＋屋＝数寄屋（すきや）
二＋十＋歳＝二十歳（はたち）
波＋止＋場＝波止場（はとば）
八＋百＋長＝八百長（やおちょう）

売り子さんが「ドサン」だと言っていたものは、漢字で書くと「土産」のようです。これも熟語全体につけられた特別な読み、熟字訓で読まなくてはいけなかったのですね。

ドサンとは、「土産《みやげ》」のことです。その女性は、今日初めてお土産売りのバイトを任されたそうで、その読み方を間違えてしまっていたそうです。

さて、そろそろドライブにもどりましょうか。「熟語広場」の思い出に買った“熟語心太”を乗せて、出発進行です。そう、「心太」も熟字訓。熟語づくしの広場でした。

6 同音異義語《どうおんいぎご》
～コウエンにコウエンでコウエンしたあの人が！

　ドライブにもすっかり慣れてきました。静かな時間もいいですが、ちょっとＢＧＭが欲しくなってきましたね。カーラジオのスイッチを押してみてください。何か素敵な曲が流れてくるかもしれませんよ。

「……続いて、リスナーからのお便りを紹介します。ラジオネーム“国語大好き”さんから。」
　はきはきとしたＤＪの声が流れ出てきました。
「この前、近所のコウエンでのんびりしていたら、テレビによく出ている俳優がやって来たんです。私はその人のファンで、先月の舞台コウエンも見に行きました。そのコウエンは、新聞社がコウエンしたものだったんですけど、彼は難しい役をコウエンしていて、ますます好きになりました。来月にはコウエン活動もするそうです。……」

　いくつもいくつもコウエンということばが聞こえましたが、お便りの内容は頭に入ってきましたか？

　読みはまったく同じだけれども、異なる意味をもったことばを同音異義語といいます。「同じ音で、異なる義（＝意味）の語」ということですね。

▼適切なことばを見つけるには

同音異義語の中から適切なものを選ぶには、そのことばが文の中で、どのような使われ方をしているかを考えなくてはいけません。例えば、次のカタカナ部分には、どの漢字を使うのがよいでしょうか。

・他界した祖父の**イシ**を継いで、会社を運営する。

イシと読む熟語には、「意志」「意思」「遺志」があります。ほかにも「石」や「医師」がありますが、明らかに違うなと思うものは候補から外しておきましょう。

三つの中から最もふさわしいものを選ぶのですが、まずは、文の中でイシがどのように使われているかをおさえます。

「祖父のイシ」「イシを継いで」とありますね。「継ぐ」とは「継承する」ということです。ここで、候補となっている熟語それぞれの意味を確認してみますよ。

意志＝考え、意向のこと。
意思＝心の中に思い浮かべる考え、思いのこと。
遺志＝故人が生前もっていた志のこと。

文の意味合いとしてぴったりくるものを選ぶと、

・他界した祖父の**遺志**を継いで、会社を運営する。

となりますね。同音異義語の中から適切なものを選ぶ際には、文の中での使われ方をヒントにすると、簡単に見つかりますよ。

▼間違えやすい同音異義語

・イガイ	意外／以外	・イギ	意義／異議／異義
・カイコ	解雇／懐古／回顧	・カイトウ	解答／回答
・カクシン	革新／確信	・キセイ	規制／帰省
・ケントウ	検討／健闘／見当	・コウイ	好意／厚意
・コウギ	抗議／講義／広義	・コジン	故人／古人
・サイゴ	最後／最期	・シュウチ	周知／衆知
・シンニュウ	侵入／進入／浸入	・シンロ	進路／針路
・セイサン	清算／精算／成算	・タイセイ	体制／態勢
・ツイキュウ	追及／追求／追究	・フキュウ	普及／不朽
・ホショウ	保障／保証／補償	・ユウシュウ	優秀／有終

ラジオから聞こえてきた六つのコウエンは、文の中での意味合いを考えると、次のような漢字があてはまります。

「……近所の公園でのんびりしていたら、テレビによく出ている俳優がやって来たんです。私はその人のファンで、先月の舞台公演も見に行きました。その公演は、新聞社が後援したものだったんですけど、彼は難しい役を好演していて、ますます好きになりました。来月には講演活動もするそうです。……」

同じことばなのに意味が違うものがたくさんあるなんて、日本語は本当に奥深いものですね。

7 同訓異字《どうくんいじ》
～おしりがヤブれて試合にヤブれる

「次は、“陽炎《かげろう》も熟字訓”さんからのメールです。」
カーラジオを聴きながらのドライブは続きます。

「僕の妻はとても短気です。特に、彼女が応援している野球チームがやぶれてしまった日はとてもキゲンが悪いので困ります。先日もイライラをおさめることができなくて周囲に当たり散らし、部屋中のものをぐちゃぐちゃにしました。そのときに、僕の仕事関係の書類もやぶれてしまったんです。それは、キゲン内に取引先へおさめるための、大切なものだったから困ってしまって……」

またまた、同じことばが繰り返し出てきましたよ。

先ほどは「同じ音で意味の異なる語」、つまり同音異義語が出てきましたね。今度は、訓の読みに注目です。

異なる漢字だけれど、読みはまったく同じものを**同訓異字（異字同訓）**といいます。同訓異字は、「取る」と「採る」など、意味が似ているものが多いので、使い分けるのが少しだけ難しいかもしれません。

▼ふさわしい漢字を選ぶには？

例えば、次の太字部分の漢字について考えます。

・川の向こう側へ**とぶ**。

「とぶ」という漢字には、「跳ぶ」と「飛ぶ」の二つがあります。それぞれの意味は、次のとおりです。

「飛ぶ」＝おもに、空中に浮かんで移動すること。
「跳ぶ」＝空中に跳ね上がること。

微妙に違うのですが、二つのことばの意味はとてもよく似ていますね。どちらを使うか悩んでしまったら、その漢字を使った熟語をヒントにして考えましょう。

「飛」→「飛行」、「跳」→「跳躍」と言い換えて、「とぶ」の部分にあてはめてみます。

・川の向こう側へ飛行する。
・川の向こう側へ跳躍する。

二つの文を見比べて、文の意味合いにぴったりくるのはどちらでしょうか。「向こう側へ」とあることを参考にすると、今回は「跳ぶ」のほうが適切な漢字ですね。

同訓異字を使い分ける際には、まず漢字がもっている意味を考えることと、それを用いた熟語をヒントにすることを覚えておくといいですよ。

▼間違えやすい同訓異字

その漢字の意味に近い熟語を一緒におさえておきましょう。

あやまる	謝る／誤る	感謝／誤字
あらい	荒い／粗い	荒波／粗雑
あらわす	表す／現す／著す	表記／出現／著者
いたむ	痛む／悼む／傷む	苦痛／追悼／傷口
うつす	移す／映す／写す	移動／映画／写真
おかす	犯す／侵す／冒す	犯罪／侵入／冒険
おさめる	修める／納める	修業／納税
かえりみる	省みる／顧みる	反省／回顧
かえる	変える／代える 換える／替える	変化／代役 換気／両替
きく	利く／効く	利口／効果
すすめる	勧める／薦める	勧誘／推薦
そなえる	供える／備える	供花／準備
たずねる	訪ねる／尋ねる	訪問／尋問
たつ	断つ／絶つ／裁つ	決断／拒絶／裁縫
のぞむ	望む／臨む	希望／臨海
のる	乗る／載る	乗車／連載
はやい	早い／速い	早朝／速度
ひく	弾く／引く／退く	連弾／引力／退去
ふるう	奮う／震う	興奮／地震

では、改めてラジオから聞こえた話を確認してみますと

・野球チームがやぶれる。／・書類がやぶれる。

・キゲンが悪い。／・キゲン内

・イライラをおさめる。／・取引先へおさめる。

同じことばが使われているのは、以上の３組でした。

「やぶれる」の漢字は「敗れる」と「破れる」の二つです。意味が違うので、「野球チームが敗れる」「書類が破れる」が正しいことがわかりますね。わかりづらい場合は、「敗北」と「破損」に置き替えて確かめてください。

「キゲン」の場合は、同音異義語ですね。「機嫌」「起源」「期限」「危言」などがありますが、その中で意味がぴったりくるものを選びます。「機嫌が悪い」と「期限内」が正解です。

「おさめる」は、「修める」「納める」「収める」「治める」など間違えやすい同訓異字がたくさんあります。それぞれの熟語「修学」「納入」「収拾」「治安」をヒントに考えると、「イライラを収める」「取引先へ納める」となることがわかります。

「……でも、そういう短気なところが、またかわいいのです。もうすぐ5回目の結婚記念日なので、オリジナルの指輪をデザインしてプレゼントしようと思っています。……」

メールの差出人は、あの人かもしれませんね。

5章

語句

1 ことわざ ～短いことばに込められた知恵

川の上をまたがる「語句ブリッジ」を渡り始めました。

あれ？　前方に、旗を持って立っている人が見えます。着ている服からして、もしかして警察の人？

車を路肩へ止めるように誘導されました。何事なのかとドキドキしましたが、お巡りさんはただ単に、交通安全キャンペーンのチラシを配っているだけのようでした。

ほっとしていると、新たに１台の車がやって来ました。この車には、ちょっと事情がありそうです。

車を降りるや否や、ドライバーは言いました。

「確かにスピードは出ていたよ。でも、大事な仕事に間に合いそうにないんだ！　あとで来るから先に行かせて！」

「そういうわけにはいきませんよ。」

「お願い！　急いでいるんだよ！」

「ダメ！」

「ああ、なんてことだ……。時間がないから、わざわざ、この混んでいない道を通ったっていうのに……。」

そういえば、こんなことわざがありましたね。

昔から言い伝えられている、教訓や知識、風刺の意味を含んだ簡潔なことばを**ことわざ**といいます。長い時間をかけて言いならわされてきたことわざは、多種多様の意味をもったものがあり、普段の会話や文章作成の際に使用する機会も多くあります。ことわざを使いこなすことによって、語彙力だけではなく表現力も高めることができますよ。

ことわざには、動物や植物、天気などさまざまなものが出てきます。どれにしても、人々の暮らしにとって身近な存在のものばかりです。

▼身体の一部を使ったことわざの例

- 頭隠して尻《しり》隠さず
- 揚げ足を取る
- 口は災いのもと
- 爪《つめ》に火をともす
- 背に腹は代えられない
- かゆいところに手が届く
- 心を鬼にする
- 手塩にかける

▼動物が出てくることわざの例

- 一寸の虫にも五分《ごぶ》の魂
- 同じ穴の狢《むじな》
- 窮鼠《きゅうそ》猫を噛《か》む
- 犬も歩けば棒に当たる
- 魚心《うおごころ》あれば水心あり
- 雉《きじ》も鳴かずば撃たれまい
- 生き馬の目を抜く
- 海老《えび》で鯛《たい》を釣る

▼植物が出てくることわざの例

・木に竹をつぐ
・山椒《さんしょう》は小粒でもピリリと辛い
・高嶺《たかね》の花
・蓼《たで》食う虫も好き好き

▼数字が出てくることわざの例

・悪事千里を走る
・石の上にも三年
・一事が万事
・九死に一生を得る
・三人寄れば文殊《もんじゅ》の知恵
・二階から目薬

▼色が出てくることわざの例

・朱に交われば赤くなる
・青菜に塩
・柿が赤くなると医者が青くなる
・青は藍《あい》より出《い》でて藍よりも青し

▼よく似た意味のことわざ

数あることわざの中には、意味がほぼ同じものもいくつかあります。

例えば、「二兎《と》を追う者は一兎をも得ず」ということわざは、二つのものを求めると結局は一つも手に入らない、という意味をもっています。それと同じ意味をもったことわざが「虻蜂《あぶはち》とらず」です。虻と蜂の両方をつかまえようとして、結局どちらもつかまえられなかったことが、その語源となっています。

類義のことわざには、次のようなものがあります。

河童《かっぱ》の川流れ	弘法《こうぼう》も筆の誤り・猿も木から落ちる
石橋をたたいて渡る	転ばぬ先の杖《つえ》
君子危うきに近寄らず	触らぬ神に祟《たた》りなし
紺屋《こうや》の白袴《しろばかま》	医者の不養生
雀《すずめ》百まで踊り忘れず	三つ子の魂百まで
提灯《ちょうちん》に釣鐘《つりがね》	月とすっぽん
糠《ぬか》に釘	暖簾《のれん》に腕押し
飼い犬に手を噛まれる	庇《ひさし》を貸して母屋《おもや》をとられる

▼反対の意味のことわざ

類義だけではありません。ことわざの世界にも、対義語のように、反対の意味をもったものがあります。

例えば「花も実もある」ということわざは、外見が美しいだけではなく内容も優れている、という意味を表しています。ところが、同じことばを使った「花多ければ実少なし」ということわざもあるのです。こちらは、外見が美しいと内容はあまり大したことはない、といったようにまったく反対の意味をもっています。

決して、どちらかが間違っているというわけではありません。長い期間をかけて言い伝えられたことわざは、人間の生活から生まれたものがほとんどです。どちらの状況も、実際にあり得たものだったからこそ、まったく反対の意味をもつことわざが現代の世にまで受け継がれてきたのでしょうね。

・蛙《かえる》の子は蛙　⇔　鳶《とんび》が鷹《たか》を生む
・好きこそものの上手なれ　⇔　下手の横好き

▼意味や表記を取り間違えやすいことわざ

ことわざの中には、間違った意味や表記が浸透してしまっているものが少なくありません。せっかく教訓や知識をふまえて生まれたことわざなのに、その意味を間違えているなんてもったいない話ですね。

▽情けは人のためならず

○　情けは巡り巡って、自分のもとへ返ってくる。

×　情けをかけることは人のためにはならない。

→　間違った意味だと、人に情けをかけることはいけないことになってしまいます。

▽流れに棹《さお》さす

○　順調に物事がはかどる。

×　順調な流れを止めてしまう。

※平成18年度の文化庁の調査では、間違った意味で使う人が、正しい使い方の人より多くなっています。

「袖振り（すり）合うもタショウの縁」の「タショウ」は、漢字では「多生（他生）」と書きます。ほかの人生、多くの人生、という意味です。「多少」だと思っている人も結構多いですよね。正しい内容で意識しておきましょう。「袖がぶつかった人とは、多かれ少なかれ縁がある」ではなく、「袖がぶつかるのも、ほかの人生、前世などでの深い縁にもとづいている」が本来の意味です。

また、「枯れ木も山のにぎわい」は、「つまらないものでもないよりはましだ」という意味をもったことわざです。ですから、「枯れ木も山のにぎわいですから、パーティーへ来てください。」などと人に使ってはいけません。その人を「枯木」扱いしていることになってしまいます。

さて、急いでいたばかりに失敗してしまう状況を表したことわざを思い出しましたか？　正解は「急《せ》いては事を仕損じる」です。意味を考えると、「急がば回れ」でもいいですね。交通安全第一で行動しましょう。

あらあら、ドライバーは違反切符を切られてしまいました。お気の毒ですが、これも「身から出た錆《さび》」というものです。「人のふり見て我がふり直せ」で、引き続き安全運転を心がけましょう。

2 慣用句《かんようく》
〜かしたり、すませたり、そろえたり

「語句ブリッジ」も半ばを過ぎた地点で、気がつくと、２台の小型バスが前を走っていました。両方とも“ブリッジ移動病院”という文字が大きく書かれています。

訪問医療用のバスなのでしょうか。手前のバスには、「かしたり、すませたり、そろえたり」とも書かれています。そして、奥のバスには
「ついたり、かけたり、あかしたり」の字が。

いったい、何を診察するバスなのでしょうか。

二つ以上の語で構成され、特別な意味をもったことばを慣用句といいます。例えば、むだ話などをして仕事を怠けることを「油を売る」といいますよね。「油」にも「売る」にも、仕事を怠けるという意味はありません。でも、それらを組み合わせて使うことによって、独特の意味が備わったことばとなるのです。同じ「油」を使ったものとしては、「油を絞る（＝失敗などを責める)」という慣用句もありますね。

慣用句は日常的によく聞いたり使ったりしていますよね。とても身近な、身体の一部や動物・植物を使ったものもたくさんあります。

▼身体の一部を使ったものの例

▽あご	あごが外れる／あごが干上がる／あごで使う
▽頭	頭が上がらない／頭が古い／頭を上げる
▽足	足が地につく／足がつく／足が出る／足を洗う 足が棒になる／浮き足立つ
▽目	目が利く／目がくらむ／目が覚める／目がない 目から鼻へ抜ける／目に余る
▽口	口が軽い／口が滑る／口がうまい
▽肩	肩で風を切る／肩の荷が下りる／肩を並べる 肩身が狭い／肩をもつ
▽歯	奥歯にものが挟まる
▽手	手が空《あ》く／手がかかる／手が出ない 手に汗を握る／手に負えない／手につかない 手を打つ／手を切る／手を焼く
▽腕	腕が上がる／腕が鳴る／腕に覚えがある 腕によりをかける／腕をふるう／腕をみがく
▽顔	顔が利く／顔が立つ／顔が広い／顔から火が出る 顔を売る／顔をつなぐ／顔をつぶす

▼動物・植物が出てくるものの例

- 蟻《あり》の這《は》い出るすきまもない
- 蜘蛛《くも》の子を散らす
- 猫も杓子《しゃくし》も
- 根も葉もない
- 馬が合う
- 猫の手も借りたい
- 猫を被る
- 花を持たす

▼色が出てくるものの例

- 色眼鏡で見る
- 色をつける
- 色をなす
- 白紙にもどす
- 白い眼で見る
- 赤の他人

▼想像すると、よくわかる

表す意味が同じ慣用句もあります。「雀の涙」は、非常に少ないことを例えた慣用句ですが、「猫の額」にも同じ意味があります。どちらも、そのことばが表している様子を実際に想像してみると、納得できる意味ですね。

▼色のイロイロ

「赤の他人」という慣用句がありますが、これにはどうして「赤」が使われているのでしょうか。こちらは、想像してみても意味にたどりつけませんよね。そもそも想像することさえ難しいことばです。別に「青の他人」でも良かったのでは？

まったく真実ではない話を「真っ赤な嘘《うそ》」といいますよね。

実は、「赤」という漢字には「疑う余地がない、明白である」という意味があるのです。つまり「赤の他人」とは、「間違いなく他人」だ、といったことばとなっているのです。

▼語の源

「板につく」という慣用句があります。これは、その職業や地位にふさわしい様子になった、という意味をもっています。例えば、旅館の新米女将《おかみ》に対して「女将業が板についてきたね」などと言って、それ相応な姿になったことを誉めるためのことばとして使われます。

この「板につく」の「板」が何のことだかわかりますか。ぴったりくるものになったことから、かまぼこの板……、と言いたいところですが、実際は、芝居をするための「舞台」のことを指します。役者が経験を重ねて演技力が上がり、舞台にしっくりなじむようになった様子を「板につく」と表現したのです。

「揚げ足をとる」と似た意味をもつ「半畳《はんじょう》を入れる」という慣用句も、役者に関連した語源をもっています。「半畳」とは、江戸時代に劇場で観客が座るために用いられていた「ござ」のことです。役者の演技が気に入らないと、半畳を舞台に投げ入れてやじを入れていたそうです。そこから、相手をからかったり、やじを飛ばしたりする、という意味が生まれました。

▼意味・用法を正しく

慣用句も日常よく使われることばですが、間違って覚えてしまっているものも多くあります。

▽お茶を濁《にご》す

表面だけを取り繕って、その場を切り抜ける、という意味をもった慣用句です。このことばと「ことばを濁す」の意味が混ぜこぜになっていないでしょうか。

「ことばを濁す」は、はっきりと言わないでぼかす、という意味の慣用句です。よく似たことばですが、使える場面が違いますので間違えないように気をつけましょう。

▽気が置けない

「彼は気が置けない人だから、秘密は話せない。」

上記の例文には大きな間違いがあります。「気が置けない」を、気を許すことができない、という意味にとらえてしまっています。ここでの「気」とは「気遣い、遠慮」のことなのです。遠慮をしなくていい、つまり気遣いの必要がないほど親しい、ということを表した慣用句です。「置けない」という否定表現が、多くの人に意味を取り違えさせてしまっているのかもしれませんね。「気が置けない」なら、秘密は話しても大丈夫ですよ。

▽身を粉にする

労苦をいとわないで力を尽くす、という意味をもちますが、これは、読みを間違えやすい慣用句です。「粉」は「こな」ではなく「こ」と読みます。「こ」は「こな」の意味ですが、正しい読み方を心がけましょう。ひどく疲れることを「粉になる」とも言います。もちろん「こ」と読みます。

▽愛嬌を振りまく

人に対する応対に好感がもてる人を「愛想がいい人」と表現しますね。この「愛想」と「愛嬌」を同じにとらえている人もいるようで、時折「愛嬌がいい」や「愛想を振りまく」ということばを耳にします。熟語が逆になっていますね。「愛嬌」の場合は「愛嬌がある」「愛嬌を振りまく」と言いますが、「愛想」では使いませんのでご注意を。

バスに書かれていたのは、共通した何かをつけると慣用句になることばです。「□をかす／□をすます／□をそろえる」と「□につく／□にかける／□をあかす」、それぞれに共通することばを考えると……。そうです、「耳」と「鼻」があてはまりますね。“ブリッジ移動病院”は耳鼻科専門の病院ということです。

そろそろ「語句ブリッジ」も終わりに近づいてきました。この国語ドライブのゴール地点ももうすぐですよ。

3 故事成語《こじせいご》 ～杞の国の人は悩みすぎ？

　このまま順調に車を走らせて一気に……、おや？信号でもないのに、道のど真ん中に車が止まっています。車線をまたぐ形になっているので、よけることさえできません。またもや様子を見に行くことにしましょうか。

「あの……、どうかなさいましたか？」
　車の中には、ヘルメットをかぶった女性が乗っています。
「すみません。ブリッジを渡ったあとに、右へ曲がるかまっすぐ行くかについて悩んでいるんです。」
「道に迷われたのですか？」
「いいえ。右へ曲がる道が正しいんです。」
「はぁ……。」
「右へ曲がったら、車通りが多い道に出るんですよ。もしブレーキの壊れた車がうしろを走ってきたら怖いじゃないですか。ああ、道の端から牛の行列が飛び出してくるかも……。いや、信号が壊れていることも……。もしかしたら今から大雨が降って洪水になってブリッジ全体が沈むかも……。突然、雷が落ちてしまうかも……。」
　かなりの心配性のようです。普通に考えればあり得ないことだらけ。こういうのを〇〇っていうんですよね。

昔から伝えられている物語やいわれをもとにしてできたことばを故事成語といいます。おもに、中国の故事がもととなっています。

例えば「五十歩百歩《ごじっぽひゃっぽ》」という故事成語があります。これは、戦いの最中に逃げ出した二人の兵がいて、五十歩逃げた兵が百歩逃げた兵を弱虫だと言って笑ったことがもとになっています。五十歩にしろ、百歩にしろ、逃げたことには変わりありませんよね。そのことから、似たり寄ったりであまり差がない、という意味の「五十歩百歩」ということばが生まれました。ことわざ「どんぐりの背比べ」と同じ意味です。

さきほど、故事成語とは物語などをもとにできているといいましたが、故事成語を覚える際には、その物語などをあわせて知っておくと、意味をすんなりと理解できるようになります。

▼日常生活でよく聞く故事成語

▽漁《ぎょ》夫《ふ》の利《り》

意味　二者が争っている間に、第三者が利益を横取りすること。

由来　シギとハマグリが争っている間に、あとから来た漁師が両者とも捕まえてしまったことから。

▽四面楚歌《しめんそか》

意味　周囲には敵ばかりで、だれも味方がいないこと。

由来　漢《かん》の国の劉邦《りゅうほう》の軍は、敵であった楚《そ》の国の項羽《こうう》の軍を包囲した。その際、漢軍に楚の国の歌を歌わせたところ、項羽は自分の国の人が歌わされている、つまり敵に占領されたと思って落胆したことから。

▽画竜点睛《がりょうてんせい》

意味　最後の大事な仕上げ。

由来　梁《りょう》の国の画家が竜の絵を描いたときに、最後に瞳《ひとみ》を描き入れて仕上げたところ、その竜が天に昇っていったことから。

▽背水《はいすい》の陣《じん》

意味　前にもあとにもひけない状況で勝負すること。

由来　漢の名将が敵と対決した際、わざと前方に山、後方に川がある地形で戦った話から。逃げ場がない場所で、兵がいつもの数倍の力を発揮したことによる。

▼これも故事成語だったの？

故事成語には、「え？　これも故事成語だったの？」と驚くぐらい、世の中に浸透しているものもたくさんあります。

「あなたのやることは完璧《かんぺき》だね。」の「完璧」もそうなのですよ。漢字を「完壁」だと思っている人も多いですね。「壁」ではなくて「璧」です。これは、宝玉を意味しています。

戦国時代、趙《ちょう》の国に「和氏《かし》の璧《へき》」と呼ばれる宝玉がありました。秦《しん》の国の王はそれが欲しくなって、15の城と交換したいと申し出たのです。ですが、交換ではなく璧だけを秦に奪い取られそうになります。その中で、趙の使いはきちんと交渉を行って璧を無事に持ち帰ってきた、という故事からできたことばです。

▽矛盾《むじゅん》

意味　話などのつじつまが合わないこと。

由来　盾《たて》と矛《ほこ》を売る商人が、「この盾はどんな矛も通さない」「この矛はどんな盾をも貫く」と言っていたことから。

▽蛇足《だそく》

意味　余計なつけたしのこと。

由来　蛇の絵を最も速く描きあげるという勝負のとき、一番に描いた者が調子に乗って、足まで描いてしまった。そのことにより、蛇の絵ではなくなり、認められなかったことによる。

▽蛍雪《けいせつ》の功《こう》

意味　一所懸命に勉強して、成功を収めること。

由来　貧しさのあまり、夏は蛍の光で読書をしていた人と、冬には窓辺から差し込む雪明かりで勉強していた人が、のちに出世したという話から。唱歌『蛍の光』の出だし部分の歌詞も、ここからきています。

▽圧巻《あっかん》

意味　書物や催し物の中で、最も優れている部分。

由来　「巻」とは、中国の官吏《かんり》登用試験の答案用紙のことを表している。重ねるときに、最も優れている巻を一番上に置いたことから。

▽杜撰《ずさん》

意味　いい加減なこと。

由来　宋《そう》の国の詩人であった杜黙《ともく》という人の詩は、律に合わないものが多かったことから。

▽登竜門《とうりゅうもん》

意味　立身出世の関門。

由来　竜門とは、中国の黄河上流にある急流のことで、ここを登りきることのできる鯉《こい》は竜になるという言い伝えから。

▼語句のもと

故事成語がもとになってできたことわざや慣用句もあります。漢語をわかりやすく日本語で表しているのですね。

・出藍《しゅつらん》の誉《ほま》れ　→　青は藍《あい》より出でて藍より青し
・白眼視《はくがんし》　→　白い眼《め》で見る

▼間違えないで

故事成語も意味・用法をおさえて、正しく使用しましょう。例えば「他山の石」は、自分の人格を磨くためにはほかの山のつまらない石でも役に立つ、といった意味をもっています。このことばと、自分とはまったく関係ない、という意味の「対岸の火事」と間違える人が多いので注意してくださいね。

昔、杞《き》の国に「天が落ちてきたらどうしよう」など、無用な心配をしている人がいました。その人の様子から、あれこれと必要のない心配をするという意味の「杞憂《きゆう》」ということばが生まれました。ヘルメットをかぶって車の運転している女性の心配は、まさに杞憂ですね。

「そんなことは万に一つもありえないから大丈夫ですよ。」と言うと、女性は安心した表情で、

「よかった。じゃあ、安心して右へ曲がることにします。そこには思い出の場所があるんです。今から行ってきます！」と笑顔で答え、ヘルメットを外して行ってしまいました。あらあら、事故に注意してくださいね。

さあ、いよいよゴールへ向かいましょう。

4 外来語《がいらいご》 ～「ランドセル」の出身地は？

「語句ブリッジ」を渡り終えて真っ直ぐ進んでいくと、たくさんの人が集まっている場所が見えました。そこには「ＧＯＡＬ」と書かれた横断幕が掛かっています。

ここが、国語ドライブのゴール地点のようです！　駐車場に車を止め、みんなのもとへ行きましょう。

みんな、同じように国語ドライブを楽しんできた人たちでした。いわば“同志”です。それぞれ、自分に合ったコースを通ってここまで来たようです。学生、若者、高齢者、と実にいろいろな世代の人がいます。外国の人も二人いるようです。日本語に興味・関心をもってくれたなんてうれしいですね。一人は「マント」をはおっています。そしてもう一人は、なんと背中に「ランドセル」を背負っていますよ。いったい、どこの国の人たちでしょう。

ほかの国の言語から取り入れられ、今では日本語と同じように日常的に使われるようになったことばを**外来語**といいます。

おもに欧米から伝来してきたことばで、「アンケート」「ノート」などのように、多くの場合、カタカナで表記されます。通常、中国から伝わった漢語は外来語に含みません。

カタカナ表記しているためか、外来語はすべて英語であると思われがちですが、実際はそうではありません。さまざまな国から来て日常で使われています。それぞれのことばが入ってきた時代や、その背景を考えると、興味深いものがあります。

▼アメリカやイギリスから入ってきたもの

外来語の中でも最も多いのが、アメリカやイギリスから入ってきたことばです。英語が、そのままのカタカナ表記で、日本でも使われるようになりました。「ボール」「ミルク」「ルール」「マイク」「ハンドル」など、身近なことばが多いですね。

「ワイシャツ」も外来語です。もともと「ホワイトシャツ」と呼ばれていたものが省略されて「ワイシャツ」となりました。

▼ドイツから入ってきたもの

仕事の一形態として、もはや日常的に使用されている「アルバイト」はドイツから入ってきたことばです。ドイツ語で、仕事や業績という意味です。

「カルテ」や「ワクチン」「ガーゼ」「アレルギー」など、ドイツからは医療関係のことばが多く入ってきています。

▼オランダから入ってきたことば

江戸時代にも日本と貿易を行っていたオランダからは、たくさんのことばが入ってきました。「ガラス」「コップ」「ペンキ」

など、今や日本語といってもいいくらい頻繁に使用することばが多くあります。「レッテルを貼るな」の「レッテル」もそうです。それから、お鍋には欠かせない「ポン酢」も、もともとはオランダ語でダイダイを使った絞り汁の「ポンス」のことです。

▼外来語の動詞化

外来語を使って、日本語の動詞のように使うものもあります。「サボる」は、フランス語の「サボタージュ」の「サボ」に「る」をつけて動詞化したものです。困った事態になることを「トラブる」といいますが、これも英語の「トラブル」を動詞化させています。同じように、「メモる」もありますね。

ゴール地点の二人は「マント」と「ランドセル」がヒントでしたね。

「マント」は、フランスからの外来語です。ほかにも、「サロペット」「マヌカン」など、ファッションに関することばが多くあります。「バリカン」も、もとはフランスの会社名です。

「ランドセル」はオランダ語です。日本の小学校において、使用されていたもののかなりの割合がオランダのものだった、というのも伝来した当時の親密な関係を物語っていますね。

異国からきた同志は、フランスとオランダの方でした。

5 アクセントと方言《ほうげん》
～車をなおす？

　ほかの人たちとゴールの喜びを分かち合っていると、一人の男性が話しかけてきました。
「ここまで乗ってきた車って、どこなおすん？」
「え？　車が壊れたんですか？」
「いいや。ただなおすところを教えてほしいんやけど。なあ、どこなおすん？」
　車は壊れていないのに“なおすところ”とはこれ如何《いか》に？

　日常的に使用していることばは、住んでいる地域によって違いがあります。ある限られた地域で使われていることばや表現を、方言といいます。反対に、異なる地域の人同士でも通じることばや表現は共通語《きょうつうご》と呼ばれています。

▼方言のメリット・デメリット

　方言は、生活するにつれて自然と身についたことばです。家族や友人、地域の人などとの交流には欠かせないものでしょう。使いなれた方言を用いると、自分が表したい気持ちや状況などを細かく表現することができます。
　ところが、その方言を普段使用していないほかの地域の人にとっては、まるで外国語のように思えることがあります。異なる地域の人も参加するような場においては、方言の使用を控えたほうがよい場合もあります。

▼共通語のメリット・デメリット

どの地域に住んでいる人でも意味がわかる共通語は、とても便利な存在です。上記のように、地域の人だけでない場などにおいては、方言ではなく共通語を使用するようにしましょう。

ただ、共通語は丁寧なことばでもあるので、感情や本音が伝わりにくいことがあります。親しい人との会話では、気持ちを伝えやすい方言のほうが、より親密な関係を築けるでしょう。

方言・共通語ともに、時と所と場合に応じて使い分けていくことが大切です。

▼方言はことばだけではない

方言と呼ばれるものは、ことばだけではありません。発音（アクセント）にも、地域によって違いがみられます。

例えば、関東では箸を「はし」と「は」を強く読みますが、関西では「はし」と「し」のほうを強く読みます。ブリッジを表す橋は、東では「はし」、西では「はし」です。まったく反対になっていますね。会話に誤解が生じることを避けるためにも、共通語の発音に関する知識も身につけておいたほうがよいでしょう。

男性が言っていた「なおす」とは、「しまう、元の状態にもどす」といった意味をもつ方言です。ゴールを迎え、今まで乗ってきた車をどこにしまえばいいのか、ということを男性は尋ねていたのでした。話しことばの場合、「どこ（に）なおすん？」などのように助詞を省くことが多いので、余計にややこしかったのですね。

では、ここでちょっとだけ方言クイズです。次のことばの意味を、あとの**ア～ウ**から選びましょう。

①のっこり	**ア**	ゆっくり	**イ**	たくさん	**ウ**	残り物
②ながたん	**ア**	包丁	**イ**	鍋	**ウ**	皿
③おらぶ	**ア**	愛する	**イ**	主張する	**ウ**	叫ぶ
④チバリヨー	**ア**	あぶない	**イ**	がんばれ	**ウ**	眠い

ところで車は本当にどこになおせばいいんでしょうか？係の人はだれもいないようですし困りましたね。ほかの人たちは、まだ歓談したり、記念写真を撮ったりしています。

向こうのほうに小さな看板があります。車について何か書いてあるかもしれないと思って見に行くと、そこには次のような文字がありました。

やうこそ、高速道路へ

答え　①イ（北海道）②ア（福井県）③ウ（四国・九州）④イ（沖縄）

コラム

★最近の国語教科書事情

国語の教科書で、思い出す作品には何がありますか？「きかんしゃ やえもん」「最後の授業」「山椒魚《さんしょううお》」……？

そのときの教室の匂《にお》いまでよみがえってきますよね。

では、現在の教科書はどうなっているのでしょうか。平成21年度に使用された教科書には、中島みゆきの歌詞が詩の教材として採用されたり、伊集院静《いじゅういんしずか》、川上弘美《かわかみひろみ》、重松清《しげまつきよし》、森絵都《もりえと》といった流行の作家の作品も載っていたりします。変わったところでは、イッセー尾形の文章もあります。

扱うジャンルも、メディアリテラシーや脳科学、環境問題などと様変わり。

でも、安心してください。「ごんぎつね」「大造じいさんとガン」「故郷」「少年の日の思い出」など、長く採用され続けている作品もたくさんあります。これらの作品について子どもたちと話してみるのもいいですね。

6章

文語文法

1 歴史的仮名遣《れきしてきかなづか》い ～古文をすらすら読む秘訣

やうこそ、高速道路へ

やうこそ……。これもまた、どこかの方言なのでしょうか。不思議に思っていると、うしろから声がしました。
「それ、僕が初めて書いた看板なんですよ。」
看板職人の少年です。
「あっちの大きいのは、親方なんですけどね。」
と指さす方向を見上げたら、そこには大きなアーチがかかっています。

糠《ぬか》喜びをさせてごめんなさい。実は、ゴールはもう一つあるのです。「いにしへのかほりただよふ『文語文法ストリート』」の始まりです。

古い時代に作られた書物や文書のことを**古典**《こてん》といいます。長い年月を経て多くの人に読み継がれてきた古典には、文学的価値の高い作品がたくさんあります。

それらの古典は、現代において日常的に使用することばではなく、**文語体**《ぶんごたい》（平安時代の言語にもとづいて作られた文章の様式）が用いられています。いわゆる**古文**《こぶん》です。（文語体に対して、現在の様式は口語体《こうごたい》と呼ばれます。）

次は“いろは歌”という手習い歌です。声に出して読んでみてください。

いろはにほへと	ちりぬるを
わかよたれそ	つねならむ
うゐのおくやま	けふこえて
あさきゆめみし	ゑひもせす

どうですか？　“いろは歌”が表している景色は頭に浮かんだでしょうか。この“いろは歌”は、47文字の仮名を1回ずつ使って作られています。※ア〜マ行、ラ行の40文字と「やゆよ」「わゐゑを」の7文字で、47文字です。

漢字と濁点をあてて表すと、少しわかりやすくなりますよ。

色は匂へど	散りぬるを
我が世たれぞ	常ならむ
有為の奥山	今日越えて
浅き夢見じ	酔ひもせず

“いろは歌”全体の大まかな意味は、次の通りです。

「花はきれいに咲いていてもいつか散っていってしまう。永久に変わらないものなど何もない。いろいろなことがある人生を、心を惑わされずに生きていこう。」

古文は、**歴史的仮名遣い**と呼ばれる特別な表記で書かれています。歴史的仮名遣いにはいくつかの決まりがありますが、それさえ覚えておけば、どんな古文でもすらすらと読むことが可能です。

▼歴史的仮名遣いの読み方の基本

▽語頭以外の「ハヒフヘホ」は「ワイウエオ」で読む

単語の頭ではない「ハヒフヘホ」は、「ワイウエオ」で読みます。

例　あはれ　→　あわれ　　　いふ　→　いう

「われは川へ行き」など、助詞として使われている場合も、現代語と同じようにワイウエオで読みます。ただし、二つのことばが合わさってできた単語「あさひ（あさ＋ひ)」「つきひ（つき＋ひ)」などは、そのまま「ひ」と読みます。「ひ」という単語の語頭だからです。

▽「ぢ・づ」は「じ・ず」と読む

例　もみぢ　→　もみじ　　　しづか　→　しずか

▽「ゐ・ゑ・を」は「い・え・お」と読む

例　ゐる　→　いる　　　こゑ　→　こえ

をとこ　→　おとこ

▽「くわ・ぐわ」は「か・が」と読む

例 くわし → かし　　いんぐわ → いんが

▽「ア段＋う（ふ）」は「オ段＋う」、
「イ段＋う（ふ）」は「イ段＋ゅ＋う」、
「エ段＋う（ふ）」は「イ段＋ょ＋う」で読む

例 まうす → もうす
きうり → きゅうり
てふてふ → ちょうちょう

▽「む」「なむ」「らむ」「けむ」などの「む」は「ん」と読む

例 まゐらむ → まいらん　　ゆかむ → ゆかん

「よそほひ」など、一つの単語の中にハヒフヘホが複数出てくる場合もあります。音読する際には、見落とさないようにしましょう。語頭以外のハヒフヘホですから、どちらもワイウエオで読んで「よそおい」となりますよ。

以上の基本をおさえると、「やうこそ」が何を表したことばなのかがわかりますね。「やう」は「ア段＋う」ですから、「オ段＋う」に直すと「よう」です。つまり「ようこそ」のことでした。

2 用言の活用 ～新たな刺客【已然形《いぜんけい》】現る！

　このまま勢いにのって「文語文法ストリート」も一気に駆け抜けていきましょう。しかし、……なんということでしょう……。燃料が底をつき始めています。高速道路を通る分まではためていなかったのですね……。では、以前と同様に燃料を補給するところから始めましょう。

　アーチをくぐり抜けた先にある駐車場へ車を止めたら、その隣にある「品詞屋敷《やしき》」へ入ってください。そこでタンクに高速用の高性能燃料を詰め込んでいきますよ。

　まずは、屋敷の住人を簡単に紹介しておきます。

「東の対《たい》」には**動詞**が、「西の対」には**形容詞**、「北の対」には**形容動詞**がいます。この３種が結成しているのが「**用言**」組です。口語の「チーム用言」と同じメンバーですね。

　それから、それぞれの部屋をつないでいる「渡殿《わたどの》」と呼ばれている廊下には**助詞**がいます。こちらも口語同様に、甘えん坊という性質をもっています。そして、屋敷の中心といえる「寝《しん》殿《でん》」に住んでいるのが**助動詞**です。やはり、甘えん坊で暴れん坊な品詞ですよ。

　では、まず「東の対」に住む動詞を訪れていきます。今度はドアではなく、格子《こうし》を開けて中へ入ってください。

▼東の対　動詞

口語のときと同じように、終止形（言い切りの形）でのばして発音したとき、口が「う」の形になります。ただ、ある活用をするものだけは「り」で終わる、という特徴があります。

例　・いふ　→　いうー　｝口が「う」の形
　　・おはす　→　おわすー
　　・あり／をり／はべり／いまそかり（「り」で終わる）

▽仮定形ではなく已然形

「用言」組のメンバーである動詞は、もちろん活用します。口語動詞の活用形には「未然形／連用形／終止形／連体形／仮定形／命令形」がありましたが、文語動詞の場合は「未然形／連用形／終止形／連体形／已然形／命令形」の六つです。

「已然形」は、普段聞きなれないことばですよね。どのような活用形を指しているのか、次の例を見てください。

例 「思ふ」の場合の活用

思は(ず)／思ひ(て)／思ふ／思ふ(とき)／思へ(ば)／思へ

「已然」とは、「已《すで》に然《しか》り」ということです。「すでにそうなっている」という意味をもっています。「思へば」を口語に訳すと「思ったところ」または「思ったので」となります。

已然形は未然形と混乱しやすい品詞です。名前もよく似ていますよね。未然形なら「思は（ば)」と活用し、意味は「思うならば」となります。未然形は「まだそうなっていない」、已然形は「すでにそうなっている」と区別するようにしてください。

例　未然形　思はば　→　思うならば（まだ思っていない）
　　已然形　思へば　→　思ったところ
　　　　　　　　　　　　思ったので（すでに思っている）

▽活用の種類

次に、文語動詞の活用の種類を見ていきます。口語の場合は「五段活用／上一段活用／下一段活用／サ行変格活用／カ行変格活用」の五つでしたね。文語は更にパワーアップしています。

①四段《よだん》活用…ア・イ・ウ・エの四段で活用する。

例	語幹	未然	連用	終止	連体	已然	命令
いふ	い	—は	—ひ	—ふ	—ふ	—へ	—へ

②上一段《かみいちだん》活用…イ段を中心にして活用する。

例	語幹	未然	連用	終止	連体	已然	命令
見る	／	み	み	みる	みる	みれ	みよ

③上二段《かみにだん》活用…イ・ウの二段で活用する。

例	語幹	未然	連用	終止	連体	已然	命令
落つ	落	—ち	—ち	—つ	—つる	—つれ	—ちよ

④下一段《しもいちだん》活用…エ段を中心にして活用する。「蹴《け》る」だけ。

例	語幹	未然	連用	終止	連体	已然	命令
蹴る	／	け	け	ける	ける	けれ	けよ

⑤下二段活用《しもにだん》…ウ・エの二段で活用する。

例	語幹	未然	連用	終止	連体	已然	命令
求む	求	—め	—め	—む	—むる	—むれ	—めよ

⑥カ行変格活用《ぎょうへんかく》…「来《く》」だけ。

例	語幹	未然	連用	終止	連体	已然	命令
来	／	こ	き	く	くる	くれ	こ こよ

⑦サ行変格活用《ぎょうへんかく》…「す」「おはす」だけ。

例	語幹	未然	連用	終止	連体	已然	命令
す	／	せ	し	す	する	すれ	せよ

⑧ナ行変格活用《ぎょうへんかく》…「死ぬ」「往《い》ぬ」だけ。

例	語幹	未然	連用	終止	連体	已然	命令
死ぬ	死	—な	—に	—ぬ	—ぬる	—ぬれ	—ね

⑨ラ行変格活用《ぎょうへんかく》…「あり」「をり」「はべり」「いまそかり（いますがり）」だけ。

例	語幹	未然	連用	終止	連体	已然	命令
あり	あ	—ら	—り	—り	—る	—れ	—れ

口語に比べて数は多いですが、限定した単語の活用も含まれているので、覚えるのは簡単かもしれません。初めに説明したように、ラ行変格活用の動詞だけ最後が「り」で終わります。

▼西の対　形容詞

次は形容詞の活用の種類について確認しましょう。口語の場合、活用は1種類でしたが、文語は2種類あります。

①**ク活用**…連用形が「**く**」で終わるもの。

例	語幹	未然	連用	終止	連体	已然	命令
長し	長	(—く) —から	—く —かり	—し	—き —かる	—けれ	 —かれ

②**シク活用**…連用形が「**しく**」で終わるもの。

例	語幹	未然	連用	終止	連体	已然	命令
をかし	をか	(—しく) —しから	—しく —しかり	—し	—しき —しかる	—しかれ	 —しかれ

▼北の対　形容動詞

形容動詞の活用の種類も二つに増えましたよ。

①**ナリ活用**…終止形が「**なり**」で終わるもの。

例	語幹	未然	連用	終止	連体	已然	命令
静かなり	静か	—なら	—なり —に	—なり	—なる	—なれ	—なれ

②**タリ活用**…終止形が「**たり**」で終わるもの。

例	語幹	未然	連用	終止	連体	已然	命令
堂々たり	堂々	—たら	—たり —と	—たり	—たる	—たれ	—たれ

文語の用言は ＊＊＊＊＊＊＊＊＊＊＊＊＊＊＊＊＊＊＊

★仮定形ではなく、已然形がある。

★限定した単語の活用がある。

＊＊＊＊＊＊＊＊＊＊＊＊＊＊＊＊＊＊＊＊＊＊＊＊＊＊

3 助詞と助動詞
～「夏はきぬ」って豆腐の話？

次は、甘えん坊組に会いにいきましょう。

▼渡殿　助詞

古語の助詞も、その性質と働きによって分類されています。

格《かく》助詞・接続《せつぞく》助詞・副《ふく》助詞・係《けい》助詞・終《しゅう》助詞

またまた新キャラ「係助詞」なるものが出てきましたが、それぞれ注意すべき助詞について触れていきましょう。

▼格助詞

▽「が」「の」…主格・連体修飾格や比喩《ひゆ》などを表す。

・これやわが求むる山ならむと（『竹取物語《たけとりものがたり》』）

→　これこそ私が求めていた山だろうと

・まいて雁《かり》などのつらねたるが（『枕草子《まくらのそうし》』）

→　まして、雁などが列を作っているのが

▽「にて」…場所・時間、手段などを表す。

・高館《たかだち》の下にて大河に落ち入《い》る（『おくのほそ道』）

→　高館の下で大河に合流する。

ほかに、「に」「を」「より」「から」「へ」などがあります。

▽接続助詞

▽「ば」…仮定や確定の条件を表す。

・これを射損ずるものならば（『平家物語《へいけものがたり》』）

→　これを射損じるようであれば

※未然形＋ば＝仮定条件

・まづ、高館に登れば（『おくのほそ道』）

→　まず、高館に登ったら

※已然形＋ば＝確定条件

ほかに、逆接の条件を示す「ど」「ども」などがあります。

▼副助詞

▽「だに」…「～さえ」「～だけでも」などを表す。

・文《ふみ》だに読めず

→　手紙さえ読めない

▽「ばかり」…「～ほど」などを表す。

・三寸ばかりなる人（『竹取物語』）

→　三寸（約十センチ弱）ほどの人

ほかに、「さへ」「すら」「のみ」「まで」などがあります。

▼係助詞

係助詞は、強調や疑問、反語などを表すときに用いられる助詞です。くわしくは、またのちほど。

「ぞ」「なむ」「や」「か」「こそ」などがあります。

▼終助詞

▽「ばや」…「〜したい」という希望を表す。

・山へ行かばや。

→ 山へ行きたい（なあ）。

ほかに、「なむ」「な」「そ」「か」などがあります。

では、いよいよ寝殿へと参ります。寝殿は「正殿《せいでん》」とも呼ばれる部屋で、建物の中心的な場所ですよ。

▼寝殿　助動詞

口語品詞同様、ボスキャラです。でも、非常にわかりやすい性格をしていますから、きっと仲良くなれるはずです。

文語の助動詞も、文全体に影響を及ぼすほどの意味をもっています。古文には、現代の会話では使用しない表現が多いので難しく思われがちですが、助動詞の意味さえおさえていれば、文章が表している内容を、ほぼ理解することができます。

『源氏《げんじ》物語』『枕草子』『平家物語』『徒然草《つれづれぐさ》』など、今の世にも伝えられている古文の名作たちの世界に、すんなりと入っていけるようになりますよ。

▼使役・尊敬

▽「す」「さす」「しむ」――「〜させる」「お〜なさる」

・言はしむ（言わせる）

・取らせたまふ（お取りになった）　※連用形

▼断定

▽「なり」「たり」――「〜だ」「〜である」

・先達《せんだつ》はあらまほしきことなり（『徒然草』）

（その道の指導者はあってほしいものである）

▼推量・意志

▽「む（ん）」――「〜だろう」「〜しよう」

・鳥鳴かむ（鳥が鳴くだろう）

・この花をこそ得む（この花を絶対に得よう）

▽「べし」――「〜だろう」「〜にちがいない」

・暑くなるべしと思ふ（暑くなるだろうと思う）

▽「まし」――「〜だろう」「もし〜だったら〜だっただろうに」

・のたまひしに違《たが》はましかばと（『竹取物語』）　※已然形

（おっしゃったものと違っていてはいけないだろうと）

▽「らむ（らん）」――現在では見えないことや未来に対して「〜だろう」

・泣くらむ（泣いているだろう）

▽「けむ（けん）」――過去のことに対して「〜だろう」

・文、読みけむ（手紙を読んだだろう）

▼打ち消し

▽「ず」――「〜ない」という否定文

・久しからず（長くない）

▽「じ」――「〜ないだろう」という否定推量文

・かの人にあらじ（あの人ではないだろう）

▽「まじ」――「決して〜しまい」という否定意志文

・見まじ（決して見ない）

▼願望

▽「たし」「まほし」――「〜たい」

・毬《まり》を突きたし（毬を突きたい）

▼過去

▽「き」――「〜た」と過去を表す。

・拾いし貝。（拾った貝。）　※連体形

▽「けり」――「〜た」「〜たのだ」と過去を表す。

・昔、をとこありけり。（『伊勢《いせ》物語』）

（昔、男がいた。）

▼完了・継続

▽「つ」「ぬ」「たり」「り」――「〜た」「〜している」

・夏は来《き》ぬ（夏が来た）

※打ち消しの助動詞「ず」の連体形「ぬ」と間違えて、「夏は来ない」としてしまわないように！

※完了の「たり」と断定の「たり」とは活用が違う。

▼受け身・自発・尊敬・可能

▽「る」「らる」――「自然と〜できる」「自然と〜される」

・思ひ出《い》でらる人（自然に思い出される人）

▼比況

▽「ごとし」――「〜と同じ」「〜のようだ」

・春の夜の夢のごとし（『平家物語』）

（春の夜の夢のようだ）

助詞・助動詞とは ＊＊＊＊＊＊＊＊＊＊＊＊＊＊＊＊＊

★文語の場合も、文の中で大きな役割をもつ。

＊＊＊＊＊＊＊＊＊＊＊＊＊＊＊＊＊＊＊＊＊＊＊＊＊＊

これで、「品詞屋敷」での燃料補給は終了です。思ったよりもラクに感じませんでしたか？　それはすでに口語文法がしっかり身についていたからですよ。さあ、燃料タンクを車にもどして高速道路を進みましょう。

4 係り結びの法則
～あなたにあわせて変わります！

“高速道路”と聞くと、初心者には怖いところを想像しますが、ここは思っていたよりも走りやすい道だと思いませんか。今まで通ってきた道と何ら変わりはありません。「知りたい」という気持ちがあれば、どんどん前へ進むことができる道です。

古文は、昔に生きていた人にとっては当たり前の言語です。同じ国のことばですから、一種の方言だと思って、自分が普段使用していることばや表現に置き換えていけば、より身近なものとして仲良くなることができますよ。

さて、いまさらですが、この車にはもう一つおもしろい機能があるのです。ハンドルの真ん中部分を軽く押してみてください。天井がゆっくりと動いて……。実は、この車はオープンカーにもなってしまうのです！

第2のゴールはすぐそこです。よりいっそう爽《さわ》やかな風を全身に受けながら、進んでいきましょう。

頭上には、きれいな青空が広がっています。何かをがんばったあとって、いつもより空の青さが目にしみるような気がしますよね。青い空、白い雲、爽やかな風！　高まってきた、今の気持ちを古文で表してみましょう。

Ａ：彼が、私の運命の人だ。

Ｂ：彼こそが、私の運命の人だ。

ＡとＢの例文を見比べて、どうですか？　どちらも同じ内容について述べた文ですが、「私」の感情に違いがあることがわかるでしょうか。

Ａは、単に「彼＝運命の人」という事実を述べた文ですが、Ｂは「ほかのだれでもない彼＝運命の人!!!!」という、「私」の感情が強調されたものとなっています。助詞「こそ」には、多くの中から取り出して強調する、というはたらきがあります。

古語にも「こそ」があります。現代文と同様に、伝える内容を強調するときに使う助詞で、分類すると**係助詞**にあたるものです。（先ほど、さらっと触れた部分ですね。）

では、強調したいときには「こそ」を入れればいいのか、と言えば、それだけではいけません。係助詞は、あるルールに沿って使います。そのルールを「**係《かか》り結《むす》びの法則**」といいます。

係り結びの法則が起きる係助詞はほかに、「**ぞ**」「**なむ**」「**や**」「**か**」などがあります。強調や疑問・反語《はんご》を表します。

法則の内容は次のとおり、たった二つです。

係り結びの法則とは ＊＊＊＊＊＊＊＊＊＊＊＊＊＊＊＊＊

★「ぞ／なむ／や／か」があるなら、文末は**連体形**に！

★「こそ」があるなら、文末は**已然形**に！

＊＊＊＊＊＊＊＊＊＊＊＊＊＊＊＊＊＊＊＊＊＊＊＊＊

・中に、十《とお》ばかりにやあらむと見えて（『源氏物語』）

助動詞「む」の連体形

（中に、十才ほどだろうかと思われて）※疑問表現

・聞きしにも過ぎて、尊くこそおはしけれ。（『徒然草』）

助動詞「けり」の已然形

（聞いていたよりも尊いものでいらっしゃった。）※強調

「ぞ・なむ・や・か＋連体形」、または「こそ＋已然形」の形にしなければ、強調・疑問・反語の効果は得られないので気をつけましょう。

そういえば、前に出てきたことわざ「好きこそ物の上手なれ」も、係助詞「こそ」と形容動詞「上手なり」の已然形が組み合わさってできていますね。こちらも強調表現です。

係り結びの法則は、**和歌**に多くみられます。限られた短い文字数の中で、自分の感情を伝える手段として最適な技法だからですね。

では、今の気持ちを古文で表してみます。現代文でいうところの「青い空って最高！」という気持ちを強調して表現すると、「青き空こそをかしけれ」でしょうか。

をかし、といっても、別にゲラゲラ笑ってしまうようなおかしさとは違いますよ。

5 重要古語
～丑三《うしみ》つ時に「いとをかし」

「青き空こそをかしけれ」の「をかし」は、現代語の「おかしい」とは少し異なる意味をもっています。「滑稽《こっけい》だ、笑いたくなる」のほかに、「趣《おもむき》がある、風情《ふぜい》がある」といった意味も備えているのです。清少納言《せいしょうなごん》が著した『枕草子《まくらのそうし》』には、頻繁に「をかし」ということばが出てきます。

> 夏は夜。月のころはさらなり。やみもなほ、蛍の多く飛びちがひたる。また、ただ一つ二つなど、ほのかにうち光りて行くもをかし。雨など降るもをかし。

作品の中では「いとをかし」といった表現もよく使われています。「いと」とは、「とても、たいそう」という意味です。つまり「いとをかし」は、「とても趣がある」と訳すことができますね。決して「めっちゃオモシロイ！」ではありませんよ。

このように、古文には特有の意味をもった語が多く存在しています。

▼現代語と意味が異なる語

・めでたし　→　**現代語**：おめでたい。喜ばしい。
　　　　　　　　古　語：立派だ。すばらしい。

・あそぶ　→　**現代語**：楽しく時を過ごす。
古　語：管弦や詩歌《しいか》などの催しをする。
・おどろく　→　**現代語**：びっくりする。
古　語：はっと目が覚める。
・ありがたし→　**現代語**：感謝する。
古　語：珍しい。
・おとなし　→　**現代語**：落ち着いて静かだ。
古　語：大人びている。
・ことわる　→　**現代語**：拒む、拒絶する。
古　語：説明する。

▼現代では使われていない語

・うし　→　つらい。憂鬱《ゆううつ》だ。
・ゆかし　→　見たい。知りたい。聞きたい。など
・つとめて　→　その翌朝。または早朝。
・げに　→　現実に。まことに。実際に。

▼敬語として用いる語

・～たまふ　→　～なさる。(尊敬語)
・おほとのごもる　→　お休みになる。(尊敬語)
・たてまつる　→　さしあげる。(「与ふ」の謙譲語)
・さうらふ　→　お仕え申しあげる。(謙譲語)
・まかる　→　退出する。(謙譲語)
※文章中の敬語は、その動作主や相手が高貴な立場の人であるかどうかの目安になりますよ。

　また、古典の世界では、季節や日付などの名称で今では使わないものがあります。現在でも、国語に関する一般常識として広く知られているものを確認しておきましょう。

▼月の異名

春	1月	睦月《むつき》	夏	4月	卯月《うづき》
	2月	如月《きさらぎ》		5月	皐月《さつき》
	3月	弥生《やよい》		6月	水無月《みなづき》
秋	7月	文月《ふみづき》	冬	10月	神無月《かんなづき》
	8月	葉月《はづき》		11月	霜月《しもつき》
	9月	長月《ながつき》		12月	師走《しわす》

　新年から「春・夏・秋・冬」と振り分けていたので、現在とは季節の期間が異なります。お正月を「新春」と呼ぶのは、その名残です。

▼時刻と方位

　十二支を用いて、時間や方角を表していました。

　世に言う「丑三つ時」とは、丑の刻《こく》を四つに分けたうちの３番目の時間（午前２時半ぐらい）です。

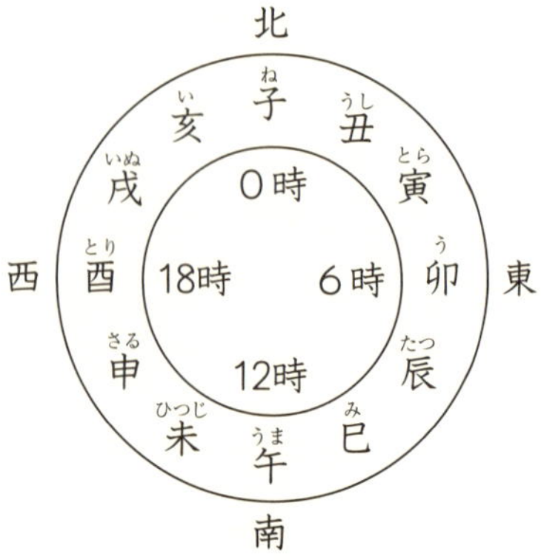

▼昔の国名

作品の中に出てくる地名も、今とは違う昔の名前です。

陸奥《むつ》（青森）	下野《しもつけ》（栃木）	信濃《しなの》（長野）
加賀《かが》（石川）	大和《やまと》（奈良）	出雲《いずも》（島根）
安芸《あき》（広島）	讃岐《さぬき》（香川）	日向《ひゅうが》（宮崎）

▼枕詞《まくらことば》

和歌などにおいて、特定のことばを導くための、おもに五文字のことばを**枕詞**といい、調子をととのえる働きがあります。

・たらちねの―母など　・あをによし―奈良など
・あしひきの―山など　・あらたまの―年、月など
・からころも―着るなど　・くさまくら―旅など

ゆっくりとスピードを落としていってください。犬のクンちゃんに出会ってから、ここまでの長い距離、本当におつかれさまでした。どうぞ、車から降りてください。

え？　ドアが開かない？　ああ、そうでした。この車は最終地点まで来ると、あるキーワードを叫ばなければドアが開かない仕組みでした。そのキーワードを伝えますね。

己久期川天於毛之呂以！

奈良時代に日本語を表記するために使われていた万葉仮名《まんようがな》です。さあ、どうぞ！

さいごに

ここをお読みになっているということは、無事にキーワードを叫ぶことができた、ということですね。念のために正解を。

万葉仮名は、漢字の音訓を借りて読んだ文字です。六書《りくしょ》の一つ「仮借《かしゃ》」ですね。万葉仮名をもとにして、現在のカタカナや平仮名が作られたのですよ（カタカナが先です）。「己久期川天於毛之呂以！」を平仮名に置き換えると「こくごつておもしろい！」となります。古文では「っ」という促音《そくおん》の概念がありませんので大文字のままですが。

叫ぶべきキーワードは「国語っておもしろい！」でした。

日常生活にあふれ返る多くのことばや漢字、表現などの国語を、少しでも「楽しい」と感じていただけたでしょうか。

さて、さんざん運転させておいて何ですが、ここで初めて免許証をお渡しします。

どうぞ大切にお持ちください。これからの、あなたと国語との未来に幸あれ！

資料編

【品詞分類表】

- 単語
  - 自立語
    - 活用する
      - 述語になる（**用言**）
        - ウ段の音で終わる ― 動詞
        - 「い」で終わる ― 形容詞
        - 「だ」「です」で終わる ― 形容動詞
    - 活用しない
      - 主語になる（**体言**）
        - 名称などを表す ― 名詞
      - 修飾語になる
        - おもに用言を修飾する ― 副詞
        - 体言だけを修飾する ― 連体詞
      - 接続語になる
        - 文と文、ことばとことばをつなぐ ― 接続詞
      - 独立語になる
        - 感動や呼びかけ、応答を表す ― 感動詞
  - 付属語
    - 活用する
      - 文が表す意味に影響力をもつ ― 助動詞
    - 活用しない
      - 単語同士の関係や対象を表す ― 助詞

【助動詞活用表】（未＝未然形　用＝連用形　終＝終止形　体＝連体形　仮＝仮定形　命＝命令形）

意味	基本形	未	用	終	体	仮	命
使役	せる	せ	せ	せる	せる	せれ	せよ せろ
	させる	させ	させ	させる	させる	させれ	させよ させろ
断定	だ	だろ	だっ で	だ	（な）	なら	
丁寧な断定	です	でしょ	でし	です	（です）		
推定	らしい		らしく らしかっ	らしい	らしい	らしけれ	
打ち消し	ない	なかろ	なく なかっ	ない	ない	なけれ	
	ぬ		ず	ぬ	ぬ	ね	
希望	たい	たかろ	たく たかっ	たい	たい	たけれ	
	たがる	たがら たがろ	たがり たがっ	たがる	たがる	たがれ	
丁寧	ます	ませ ましょ	まし	ます	ます	ますれ	（まし）（ませ）
受け身 自発 可能 尊敬	れる	れ	れ	れる	れる	れれ	れよ れろ
	られる	られ	られ	られる	られる	られれ	られよ られろ
過去 完了 存続	た	たろ		た	た	たら	
意志 推量 勧誘	う			う	（う）		
	よう			よう	（よう）		
伝聞 様態 推定	そうだ	そうだろ	そうで そうに そうだっ	そうだ	そうな	そうなら	
比況 例示	ようだ	ようだろ	ようで ように ようだっ	ようだ	ような	ようなら	
打ち消しの推量と否定	まい			まい	（まい）		

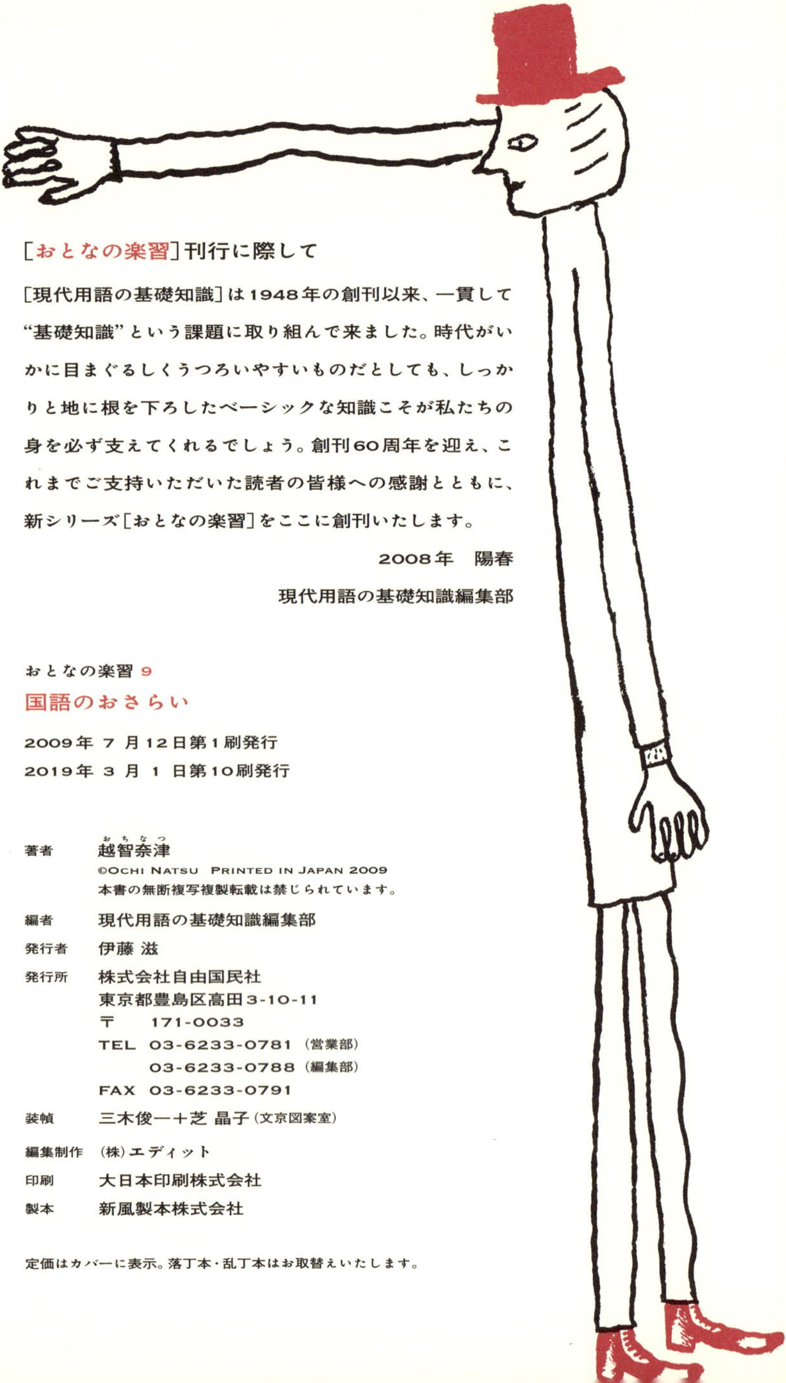

[おとなの楽習]刊行に際して

[現代用語の基礎知識]は1948年の創刊以来、一貫して“基礎知識”という課題に取り組んで来ました。時代がいかに目まぐるしくうつろいやすいものだとしても、しっかりと地に根を下ろしたベーシックな知識こそが私たちの身を必ず支えてくれるでしょう。創刊60周年を迎え、これまでご支持いただいた読者の皆様への感謝とともに、新シリーズ[おとなの楽習]をここに創刊いたします。

2008年　陽春

現代用語の基礎知識編集部

おとなの楽習 9

国語のおさらい

2009年 7 月12日第1刷発行
2019年 3 月 1 日第10刷発行

著者　越智奈津《おちなつ》

編者　現代用語の基礎知識編集部
発行者　伊藤 滋
発行所　株式会社自由国民社
東京都豊島区高田3-10-11
〒　171-0033
TEL　03-6233-0781（営業部）
03-6233-0788（編集部）
FAX　03-6233-0791
装幀　三木俊一＋芝 晶子（文京図案室）
編集制作　（株）エディット
印刷　大日本印刷株式会社
製本　新風製本株式会社

定価はカバーに表示。落丁本・乱丁本はお取替えいたします。